EKMEKSİZ SANDVİÇ, DÜRÜM VE HAMBURGER

100 LEZZETLI EKMEKSIZ SANDVIÇ, DÜRÜM VE HAMBURGER

FEM BAYRAM

Tüm hakları Saklıdır.

sorumluluk reddi

Bu e-Kitapta yer alan bilgiler, bu e-Kitabın yazarının hakkında araştırma yaptığı kapsamlı bir stratejiler koleksiyonu olarak hizmet etmeyi amaçlamaktadır. Özetler, stratejiler, ipuçları ve püf noktaları yalnızca yazar tarafından tavsiye edilir ve bu e-Kitabı okumak kişinin sonuçlarının yazarın sonuçlarını tam olarak yansıtacağını garanti etmez. E-Kitabın yazarı, eKitabın okuyucularına güncel ve doğru bilgiler sağlamak için tüm makul çabayı göstermiştir. Yazar ve ortakları, bulunabilecek herhangi bir kasıtsız hata veya eksiklikten sorumlu tutulamaz. E-Kitaptaki materyal üçüncü şahısların bilgilerini içerebilir. Üçüncü taraf materyalleri, sahipleri tarafından ifade edilen görüşlerden oluşur. Bu nedenle, e-Kitabın yazarı herhangi bir üçüncü taraf materyali veya görüşü için sorumluluk veya yükümlülük üstlenmez.

E-Kitabın telif hakkı © 2022'ye aittir ve tüm hakları saklıdır. Bu e-Kitabın tamamını veya bir kısmını yeniden dağıtmak, kopyalamak veya türev çalışmalar oluşturmak yasa dışıdır. Bu raporun hiçbir bölümü, yazarın yazılı ve imzalı izni olmaksızın herhangi bir biçimde çoğaltılamaz veya yeniden iletilemez veya herhangi bir biçimde yeniden iletilemez.

İÇİNDEKİLER

İÇİNDEKİLER 3
GİRİİŞ 7
SANDVİÇLER 8

   1. KARNABAHAR IZGARA PEYNIR 9
   2. HINT EKMEKSIZ SANDVIÇ 12
   3. KÖRILI KARIDES-YIĞILMIŞ DOMATES 15
   4. TATLI PATATESLI HINDI KAYDIRICILARI 17
   5. HASSEL GERI DOMATES KULÜPLERI 20
   6. COLESLAW ILE KIZARMIŞ YEŞIL NAPOLYON 22
   7. RICOTTA DOLDURULMUŞ PORTOBELLO MANTARLARI 25
   8. ELMA VE FISTIK EZMESI İSTIFLEYICILER 28
   9. KIZARMIŞ YEŞIL DOMATESLER 30
  10. SALATALIK 33
  11. FIRINDA PATLICANLI SANDVIÇLER 35
  12. EKMEKSIZ BLT 38
  13. EKMEKSIZ İTALYAN ALT SANDVIÇ 40
  14. ELMA, JAMBON VE PEYNIRLI SANDVIÇLER 43
  15. EKMEKSIZ KIRMIZI BIBERLI SANDVIÇ 45
  16. TATLI PATATES BURGER ÇÖREKLERI 47
  17. TON BALIĞI TURŞU TEKNELERI 49
  18. IZGARA PORTOBELLO BURGERLER 51
  19. TOFU ILE HAMBURGER 54
  20. PORTABELLA VE HELLIM BURGERLERI 57
  21. SALATALIKLI TON BALIKLI SANDVIÇLER 60
  22. TOFU VEYA TAVUKLU AKDENIZ DÜRÜM 63
  23. JAMBONLU VE PEYNIRLI SANDVIÇ 66
  24. PESTOLU İSVIÇRE PAZI SARMASI 70

BURGERLER 73

  25. TAVUK SUŞI BURGER 74
  26. DOMATES AVOKADO BURGERLERI 81
  27. ROKA ILE KIRMIZI PANCAR BURGER 84

28. MACADAMIA-KAJU KÖFTESI...87
29. CEVIZLI MERCIMEK BURGERLER..90
30. SIYAH FASÜLYE HAMBURGERLERI...93
31. BIR ÇEŞIT FINDIKLI BURGER...96
32. ALTIN SEBZELI BURGERLER...99
33. BEYAZ FASULYE VE CEVIZ KÖFTESI..102
34. KÖRILI NOHUT KÖFTESI...105
35. MAYOLU PINTO FASULYE KÖFTESI..108
36. VEGAN SEBZELI BURGER...111
37. GARBANZO FASULYE BURGER..113
38. BULGUR KÖFTESI..115
39. ALL-STAR SEBZELI KÖFTE..117
40. YULAF EZMELI SEBZELI KÖFTE..119
41. BULGUR MERCIMEK SEBZELI KÖFTE..122
42. SEBZELI KÖFTE..124
43. MANTARLI TOFU KÖFTESI..127
44. OVO SEBZELI KÖFTE..130
45. HIZLI SEBZE KÖFTESI...132
46. TEXMEX SEBZELI KÖFTE...134
47. SEBZELI FASULYE KÖFTESI..137
48. SEBZELI YULAFLI BURGERLER...139
49. CEVIZLI VE SEBZELI KÖFTE..141
50. YABANI MANTAR KÖFTESI...144
51. HARIKA SEBZELI KÖFTELER...147
52. MERCIMEK KÖFTESI...149
53. FASULYE VE MISIR KÖFTESI...152
54. SIYAH FASULYE IZGARALARI..155
55. VEGAN DOMUZ PASTIRMASI KÖFTESI..157
56. ARPA YULAF KÖFTESI..160
57. TEMPEH KÖFTESI..162

SARGILAR VE RULOLAR..165

58. EKMEKSIZ TÜRKIYE KULÜBÜ..166
59. QUINOA VE TATLI PATATES ILE COLLARD DÜRÜM....................................169
60. N' OUT BURGER'DE TAKLITÇI...172
61. HAVUÇ VE ISPANAK SARMASI..176
62. VEGAN AKDENIZ DÜRÜMLERI...178
63. NOHUT HUMUS SARAR..181

64. BEBEK PANCAR SARGILARI 183
65. VEGAN ŞARKÜTERI 185
66. CHIPOTLE TOFU GÖKKUŞAĞI SARAR 188
67. KURUTULMUŞ PORTOBELLO FAJITA 191
68. BIRA MARINE SEITAN FAJITA 193
69. SEITAN TACOLARI 196
70. KIZARMIŞ FASULYE VE SALSA QUESADILLAS 198
71. ISPANAK, MANTAR VE SIYAH FASULYE QUESADILLAS 200
72. SIYAH FASULYE VE MISIR BURRITOLARI 203
73. KIRMIZI FASULYE BURRITOLARI 205
74. JAMBON VE PEYNIRLI SALATALIK RULOLARI 207
75. ÇITIR SALAM RULOLARI 210
76. İTALYAN SIĞIR SARMALAYICILARI 212
77. İTALYAN PEPPERONI ROLL-UP'LARI 214
78. MEZE TORTILLA FIRILDAK 217
79. ÇITIR VEGAN RULOLAR 219
80. VEGAN DOLDURULMUŞ LAHANA RULOLARI 222
81. VEGAN NORI RULOLARI 225
82. AKDENIZ BÖREĞI 228
83. AVOKADO BÖREĞI 231
84. VEJETARYEN BÖREK 233
85. VEJETARYEN LAHANA RULOLARI 236
86. VEJETARYEN YUMURTA RULOLARI 239
87. VEJETARYEN TAY BÖREĞI 242
88. DOLDURULMAMIŞ LAHANA RULOLARI 245
89. VEJETARYEN YAZ RULO 247
90. KÖRILI TOFU "YUMURTA SALATASI" PIDE 250

SANDVİÇ/BURGER SPREYLERİ 253

91. GÜNEŞTE KURUTULMUŞ DOMATES 254
92. HUMUS RÜYALAR 256
93. AVOKADO AŞKI 258
94. SANDVIÇ DOLGUSU IÇIN FISTIK EZMESI 260
95. TOFU SANDVIÇ YAYILDI 262
96. SEBZELI SANDVIÇ YAYILDI 264
97. KOLAY "TOFUNA" SANDVIÇ SÜRME 266
98. HINT MERCIMEK YAYILMASI 268
99. NOHUTLU SANDVIÇ YAYILDI 270

100. Körili Fasulye Yayıldı..272
ÇÖZÜM..**274**

GİRİİŞ

Canım sandviç istediğinde çoğu insanın aklına ekmek geldiğini söylemek yanlış olmaz sanırım. İster etle dolu, ister sebzelerle dolu olsun, çoğunlukla aynı kalan tek şey, tüm lezzetli dolguların ekmek tarafından bir arada tutulmasıdır. Bununla birlikte, birçok insan, lezzetten ödün vermeden ekmek hariç en sevdikleri burger veya sandviçin tadını çıkarmanın yeni yollarını arıyor.

Bu enfes sandviç tarifleri, geleneksel ekmek kullanmadan doyurucu sandviçler yapmak için her türlü kurnazlığa sahiptir. İster yeni, ister glütensiz ister Paleo bir şey arıyor olun, damak zevkinize uygun en iyi ekmeksiz sandviçler bizde. Kendinizi suçlu hissetmeden veya normal ekmekten mahrum kalmadan doyurucu bir lokma ısmarlamanın zamanı geldi. Ayrıca ekmek alternatiflerini bu kitapta yer alan tüm tariflerle karıştırıp eşleştirebilirsiniz. İmkanlar sonsuzdur!

SANDVİÇLER

1. Karnabahar Izgara Peynir

verim: 2 SANDVİÇ

İçindekiler

- 1 orta boy karnabahar başı, haşlanmış
- 1 büyük yumurta
- $\frac{1}{2}$ su bardağı rendelenmiş Parmesan peyniri
- 1 çay kaşığı kuru fesleğen veya İtalyan otu baharatı
- 2 kalın dilim beyaz çedar peyniri

Talimatlar

a) Karnabaharı mikrodalgaya uygun bir kaba koyun ve mikrodalgada 2 dakika yüksek ateşte tutun. Daha sonra karnabaharı mikrodalgadan çıkarın, karıştırın ve tekrar mikrodalgada 3 dakika pişirin.

b) Bu adımı tekrar edin ve mikrodalgada 4 dakika bekletin.

c) Karnabaharı mikrodalgadan çıkarın, son kez karıştırın ve 4-5 dakika daha mikrodalgaya koyun. Anahtar, gerçekten güzel ve kuru karnabahar pirinci elde etmektir.

d) Ardından, haşlanmış karnabaharı yumurta, parmesan ve kuru fesleğen ile birleştirin ve birleştirmek için karıştırın.

e) Fırınınızı önceden 350F'ye ısıtın. Parşömen kağıdı ile bir fırın tepsisini hizalayın.

f) Karnabahar karışımını dört parçaya bölün ve her parçayı bir fırın tepsisine 1/3 inç kalınlığında dikdörtgen şeklinde şekillendirin.

g) 15 dakika veya altın kahverengi olana kadar pişirin. Karnabahar dilimlerini tel ızgara üzerinde soğutun.

h) Sonraki iki dilim peynirle birlikte. Kalan dilimlerle sandviç yapın ve bir piliç altına koyun. 3-4 dakika ya da peynir eriyene kadar pişirin.

2. Hint ekmeksiz sandviç

porsiyon 6

İçindekiler

- 1 su bardağı irmik (kaba)
- ½ su bardağı lor
- 1 çay kaşığı pul biber
- ½ çay kaşığı tuz
- ½ su bardağı su
- ½ havuç (ince doğranmış)
- ½ soğan (ince doğranmış)
- 2 yemek kaşığı tatlı mısır
- ½ kırmızı biber (ince doğranmış)
- 1 yemek kaşığı kişniş (ince kıyılmış)
- ½ çay kaşığı tuz
- tereyağı (yağlamak için)
- 1 dilim peynir (dörde bölünmüş)

Talimatlar

a) Öncelikle geniş bir kaseye 1 su bardağı irmik, ½ su bardağı lor, 1 çay kaşığı pul biber ve ½ çay kaşığı tuz alın.

b) her şeyin iyi birleştiğinden emin olarak iyice karıştırın.

c) şimdi ½ su bardağı su ekleyin ve iyice karıştırın.

d) ½ havuç, ½ soğan, 2 yemek kaşığı mısır, ½ kırmızı biber ve 1 yemek kaşığı kişniş ekleyin.

e) kalın bir hamur oluşturan iyice karıştırın.

f) 10 dakika veya irmik suyu çekene kadar dinlendirin.

g) ayrıca ¼ su bardağı su ekleyin ve iyice karıştırın ve pürüzsüz bir hamur elde edin.

h) şimdi sandviç makinesini biraz tereyağı ile yağlayın.

i) sandviç hazırlamadan hemen önce ½ çay kaşığı tuz ekleyin ve hafifçe karıştırın.

j) Hamur köpürdüğünde, bir yemek kaşığı hamuru sandviç makinesine aktarın.

k) peynir dilimi koyun. peynir diliminin sandviç büyüklüğünde olduğundan emin olun.

l) eşit şekilde kaplandığından emin olarak hamurla örtün.

m) şimdi sandviç makinesinin kapağını kapatın ve sıkıca bastırın.

n) Sandviç altın kahverengiye dönene ve eşit şekilde pişene kadar ızgara yapın.

o) son olarak, domates soslu ekmeksiz sandviçin tadını çıkarın.

3. Körili Karides-Yığılmış Domates

4 porsiyon yapar

İçindekiler

- 4 büyük yadigarı domates
- 6 yemek kaşığı yağı azaltılmış mayonez
- 1 çay kaşığı köri tozu
- 1/4 çay kaşığı tuz
- 1/4 çay kaşığı öğütülmüş zencefil
- 3/4 pound soyulmuş ve deveined pişmiş karides (pound başına 61-70)
- 1 kereviz kaburga, doğranmış
- 1/2 su bardağı ince doğranmış salatalık
- 1 küçük göbek portakalı, soyulmuş ve ince doğranmış
- 2 yeşil soğan, ince dilimlenmiş

Talimatlar

a) Her bir domatesi üç kalın dilim halinde kesin ve kesin; kağıt havluların üzerine boşaltın.

b) Büyük bir kapta mayonez ve baharatları karıştırın; kalan malzemeleri karıştırın. Her porsiyon için, üç dilim domatesi üst üste koyun ve karides karışımıyla kaplayın.

4. Tatlı Patatesli Hindi Kaydırıcıları

10 porsiyon yapar

İçindekiler

- 4 Applewood-füme pastırma şeritleri, ince doğranmış
- 1 pound öğütülmüş hindi
- 1/2 su bardağı panko kırıntısı
- 2 büyük yumurta
- 1/2 su bardağı rendelenmiş Parmesan peyniri
- 4 yemek kaşığı doğranmış taze kişniş
- 1 çay kaşığı kuru fesleğen
- 1/2 çay kaşığı öğütülmüş kimyon
- 1 yemek kaşığı soya sosu
- 2 büyük tatlı patates
- Rendelenmiş Colby-Monterey Jack peyniri

Talimatlar

a) Büyük bir tavada pastırmayı orta ateşte gevrekleşinceye kadar pişirin; kağıt havluların üzerine boşaltın. 2 yemek kaşığı damlama hariç hepsini atın. Tavayı bir kenara koyun. Pastırmayı, iyice karışana kadar sonraki 8 malzemeyle birleştirin; örtün ve en az 30 dakika soğutun.

b) Fırını 425 ° C'ye ısıtın. Tatlı patatesleri yaklaşık 1/2 inç kalınlığında 20 dilime kesin. Dilimleri yağlanmamış bir fırın tepsisine yerleştirin; tatlı patatesler yumuşayana kadar ama duygusal olmayana kadar pişirin, 30-35 dakika. Dilimleri çıkarın; tel ızgara üzerinde soğutun.

c) Orta-yüksek ısıda ayrılmış damlacıkları olan ısı tavası. Hindi karışımını kaydırıcı büyüklüğünde köfteler haline getirin. Sürgüleri, tavada kalabalık olmamasına dikkat ederek, her iki tarafta 3-4 dakika gruplar halinde pişirin. Her kaydırıcıyı ilk kez çevirdikten sonra bir tutam rendelenmiş kaşar ekleyin. Bir termometre 165 ° gösterene ve meyve suları berraklaşana kadar pişirin.

d) Servis yapmak için her sürgüyü bir tatlı patates diliminin üzerine yerleştirin; bal Dijon hardalı ile kurulayın. İkinci bir tatlı patates dilimi ile örtün. Kürdan ile delin.

5. Hassel geri domates kulüpleri

2 porsiyon yapar

İçindekiler

- 4 erik domates
- 2 dilim İsviçre peyniri, dörde bölünmüş
- 4 pişmiş pastırma şeridi, yarıya
- 4 dilim şarküteri hindi
- 4 Bibb marul yaprağı
- 1/2 orta boy olgun avokado, soyulmuş ve 8 dilime kesilmiş
- Pul biber

Talimatlar

a) Her bir domateste enlemesine 4 dilim kesin, altta bozulmadan bırakın.

b) Her dilimi peynir, domuz pastırması, hindi, marul ve avokado ile doldurun. Biber serpin.

6. Coleslaw ile Kızarmış Yeşil Napolyon

İçindekiler

- 1/3 su bardağı mayonez
- 1/4 su bardağı beyaz sirke
- 2 yemek kaşığı şeker
- 1 çay kaşığı tuz
- 1 çay kaşığı sarımsak tozu
- 1/2 çay kaşığı biber
- 1 paket (14 ons) üç renkli lahana salatası karışımı
- 1/4 su bardağı ince doğranmış soğan
- 1 kutu (11 ons) mandalina, süzülmüş
- kızarmış domates:
- 1 büyük yumurta, hafifçe dövülmüş
- Acı biber sosu veya tadı
- 1/4 su bardağı çok amaçlı un
- 1 su bardağı kuru kırıntı
- 2 orta boy yeşil domates, her biri 4 dilime kesilmiş
- kızartmalık yağ
- 1/2 çay kaşığı tuz
- 1/4 çay kaşığı biber

- 1/2 su bardağı soğutulmuş yenibahar peyniri
- 4 çay kaşığı biber jölesi

Talimatlar

a) İlk altı malzemeyi birleştirin. Lahana salatası karışımını ve soğanı ekleyin. Mandalina portakalları ekleyin; dikkatlice karıştırın.

b) Sığ bir kapta yumurta ve acı sosu çırpın. Unu ve kırıntıları ayrı sığ kaselere koyun. Domates dilimlerini her iki tarafı kaplayacak şekilde una batırın; fazlalığı silkeleyin. Kaplamanın yapışmasına yardımcı olmak için önce yumurta karışımına sonra kırıntılara batırın.

c) Elektrikli tavada veya fritözde yağı 350°'ye ısıtın. Domates dilimlerini birer birer kızarana kadar her iki tarafta 1-2 dakika kızartın. Kağıt havluların üzerine boşaltın. Tuz ve karabiber serpin.

d) Napolyonları birleştirmek için bir dilim domatesi 1 yemek kaşığı yenibahar peyniri ile kaplayın. Katmanları tekrarlayın. 1 çay kaşığı biber jölesi ile doldurun. Kalan domates dilimleri ile tekrarlayın. Lahana salatası üzerinde servis yapın.

7. Ricotta Doldurulmuş Portobello Mantarları

İçindekiler

- 3/4 su bardağı yağı azaltılmış ricotta peyniri
- 3/4 su bardağı rendelenmiş Parmesan peyniri, bölünmüş
- 1/2 su bardağı rendelenmiş kısmen yağsız mozzarella peyniri
- 2 yemek kaşığı kıyılmış taze maydanoz
- 1/8 çay kaşığı biber
- 6 büyük Portobello mantarı
- 6 dilim büyük domates
- 3/4 su bardağı taze fesleğen yaprağı
- 3 yemek kaşığı kavrulmuş badem veya çam fıstığı, kavrulmuş
- 1 küçük diş sarımsak
- 2 yemek kaşığı zeytinyağı
- 2 ila 3 çay kaşığı su

Talimatlar

a) Küçük bir kapta ricotta peyniri, 1/4 su bardağı Parmesan peyniri, mozzarella peyniri, maydanoz ve biberi karıştırın. Mantarların saplarını çıkarın ve atın; bir kaşıkla, solungaçları kazıyın ve çıkarın. Kapakları ricotta karışımıyla doldurun. Domates dilimleri ile üst.

b) Mantarlar yumuşayana kadar orta ateşte kapağı kapalı, 8-10 dakika ızgara yapın. Metal bir spatula ile ızgaradan çıkarın.

c) Bu arada küçük bir mutfak robotuna fesleğen, badem ve sarımsağı koyun; doğranmış kadar nabız. Kalan Parmesan peynirini ekleyin; sadece harmanlanana kadar nabız atın. İşleme sırasında yavaş yavaş yağ ve istenilen kıvama gelecek kadar su ekleyin. Servis yapmadan önce doldurulmuş mantarları üzerine dökün.

8. Elma ve Fıstık Ezmesi İstifleyiciler

İçindekiler

- 2 orta boy elma
- 1/3 fincan tıknaz fıstık ezmesi
- İsteğe bağlı dolgular: granola, minyatür yarı tatlı çikolata parçaları

Talimatlar

a) Çekirdek elmalar. Her elmayı çapraz olarak altı dilime kesin. Altı dilimin üzerine fıstık ezmesi sürün; seçtiğiniz dolgular ile serpin.

b) Kalan elma dilimleri ile üst.

9. Kızarmış yeşil domatesler

İçindekiler

- 1/4 su bardağı yağsız mayonez
- 1/4 çay kaşığı rendelenmiş limon kabuğu rendesi
- 2 yemek kaşığı limon suyu
- 1 çay kaşığı kıyılmış taze kekik veya 1/4 çay kaşığı kuru kekik
- 1/2 çay kaşığı biber, bölünmüş
- 1/4 su bardağı çok amaçlı un
- 2 büyük yumurta akı, hafifçe dövülmüş
- 3/4 su bardağı mısır unu
- 1/4 çay kaşığı tuz
- 2 orta boy yeşil domates
- 2 orta boy kırmızı domates
- 2 yemek kaşığı kanola yağı
- 8 dilim Kanada pastırması

Talimatlar

a) İlk 4 malzemeyi ve 1/4 çay kaşığı biberi karıştırın; servis edene kadar soğutun. Unu sığ bir kaba koyun; yumurta aklarını ayrı bir sığ kaseye koyun. Üçüncü bir kapta mısır unu, tuz ve kalan biberi karıştırın.

b) Her bir domatesi çapraz olarak 4 dilime kesin. Hafifçe kaplamak için 1 dilim un serpin; fazlalığı silkeleyin. Önce yumurta beyazına sonra mısır unu karışımına bulayın. Kalan domates dilimleri ile tekrarlayın.

c) Büyük bir yapışmaz tavada, yağı orta ateşte ısıtın. Gruplar halinde, domatesleri altın kahverengi olana kadar, her bir tarafta 4-5 dakika pişirin.

d) Aynı tavada, her iki tarafta hafif kahverengi Kanada pastırması. Her biri için 1 dilim yeşil domates, domuz pastırması ve kırmızı domatesleri istifleyin. Sos ile servis yapın.

10. salatalık

HİZMETLER 2

İçindekiler

- 2 orta ila büyük salatalık
- şarküteri eti-hindi, jambon veya diğer şarküteri et dilimleri veya traş
- pastırma (isteğe bağlı)
- yeşil soğan (isteğe bağlı)
- domates (isteğe bağlı)
- herhangi bir sandviç dolgu maddesi (isteğe bağlı)
- gülen inek peyniri veya mayonez veya krem peynir veya başka bir çeşni

Talimatlar

a) Salatalığı uçtan uca uzunlamasına kesin. Sandviç dolgu malzemelerinize yer açmak için salatalığın içini çıkarın. Salatalığın içine et, sebze ve diğer sandviçleri ekleyin.

b) Salatalığın yarısını diğer yarısına koyun. Zevk almak!!

11.   Fırında Patlıcanlı Sandviçler

Porsiyon: 4

İçindekiler

- 1 çay kaşığı zeytinyağı
- 2 yumurta
- ½ su bardağı çok amaçlı un veya gerektiğinde daha fazla
- tatmak için tuz ve taze çekilmiş karabiber
- 1 tutam acı biber veya tadı daha fazla
- 1 su bardağı panko kırıntısı
- 8 dilim patlıcan, 3/8 inç kalınlığında kesilmiş
- 2 dilim provolon peyniri, dörde bölünmüş
- 12 ince dilim salam
- 2 ⅔ yemek kaşığı zeytinyağı, bölünmüş
- 2 ⅔ yemek kaşığı ince rendelenmiş Parmigiano-Reggiano peyniri, bölünmüş

Talimatlar

a) Fırını 425 derece F'ye (220 derece C) önceden ısıtın. Alüminyum folyo ile bir fırın tepsisini hizalayın.

b) Yumurtaları küçük, sığ bir kapta çırpın. Un, tuz, karabiber ve kırmızı biberi geniş bir sığ tabakta karıştırın. Panko kırıntılarını başka bir büyük sığ tabağa dökün.

c) 1/4 dilim provolon peyniri, 3 dilim salam ve 1/4 dilim provolon peyniri ile bir dilim patlıcan. Üzerine eşit büyüklükte bir dilim patlıcan koyun. Kalan patlıcan dilimleri, peynir ve salam ile tekrarlayın.

d) Her patlıcanlı sandviçi kaplamak için terbiyeli unun içine hafifçe bastırın; fazlalığı silkeleyin. Her sandviçin her iki tarafını da çırpılmış yumurtaya batırın, ardından panko kırıntılarına bastırın. Kalan patlıcanlı sandviçleri yaparken hazırlanan fırın tepsisine yerleştirin.

e) Folyo üzerine yaklaşık 3 inç çapında bir daire içinde 1 çay kaşığı zeytinyağı gezdirin; yağlanmış alana patlıcanlı sandviç yerleştirin. Sandviç üzerine yaklaşık 1 çay kaşığı Parmigiano-Reggiano peyniri serpin. Kalan 3 sandviçle tekrarlayın, folyonun üzerine zeytinyağı sürün, yağın üzerine bir sandviç koyun ve Parmesan peyniri ile doldurun. 1 çay kaşığı zeytinyağı ile her sandviçin üstlerini çiseleyin.

f) Önceden ısıtılmış fırında 10 dakika pişirin. Sandviçleri çevirin ve üstüne 1 çay kaşığı Parmigiano-Reggiano peyniri serpin. Kızarana kadar pişirin ve bir soyma bıçağı patlıcana kolayca 8 ila 10 dakika daha sokar. Sıcak veya oda sıcaklığında servis yapın.

12. Ekmeksiz BLT

verim: 1 SERVİS

İçindekiler

- 6 dilim pastırma, yatay olarak ikiye kesilmiş
- Lahana Yaprakları
- taze domates, dilimlenmiş

Talimatlar

a) Üç dilimi yan yana silikon mat serilmiş bir fırın tepsisine dikey olarak yerleştirin.

b) Dıştaki iki dilimin üstünü aşağı çevirin, ardından bir dilim domuz pastırmasını yatay olarak yerleştirin.

c) Pastırmayı tekrar çevirin, ardından orta dilimi yukarı kaldırın ve ortasına başka bir yatay dilim yerleştirin. Ardından, iki dış dilimi çırparak alttaki son yatay dilimi ekleyin.

d) Başka bir pastırma örgüsü oluşturmak için tekrarlayın (BLT başına iki tane gerekir).

e) Pastırmanın üzerine ters çevrilmiş yapışmaz bir raf yerleştirin ve pastırma gevrekleşmeye başlayana kadar önceden ısıtılmış bir ızgaranın altında pişirin. Rafı çıkarın ve pastırmayı ters çevirin. Gerekirse broylere geri dönün.

f) Fazla yağı boşaltmak için pastırma örgülerini mutfak kağıdına aktarın.

g) Bir pastırma örgüsüne dilimlenmiş domates ve gevrek marul ekleyin, ardından ikinci örgüyle doldurun.

13.   Ekmeksiz İtalyan Alt Sandviç

Verim: 4 sandviç

İçindekiler

- 8 büyük Portobello mantarı, temizlenmiş
- 2 yemek kaşığı sızma zeytinyağı
- koşer tuzu
- 1 yemek kaşığı kırmızı şarap sirkesi
- 1 yemek kaşığı tohumlu ince doğranmış pepperoncini
- 1/2 çay kaşığı kuru kekik
- Taze çekilmiş karabiber
- 2 ons dilimlenmiş provolon (yaklaşık 4 dilim)
- 2 ons ince dilimlenmiş düşük sodyumlu jambon (yaklaşık 4 dilim)
- 1 ons ince dilimlenmiş Cenova salamı (yaklaşık 4 dilim)
- 1 küçük domates, 4 dilime kesilmiş
- 1/2 su bardağı rendelenmiş marul
- 4 adet dolmalık zeytin

Talimatlar

a) Fırının üst üçte birlik kısmına bir fırın rafı yerleştirin ve fırın ızgarasını önceden ısıtın.

b) Mantarların saplarını çıkarın ve atın. Mantar kapaklarını solungaç tarafı yukarı bakacak şekilde yerleştirin ve solungaçları tamamen çıkarmak için keskin bir bıçak kullanın (böylece kapaklar düz duracaktır).

c) Mantar kapaklarını bir fırın tepsisine yerleştirin, her yerine 1 yemek kaşığı yağ sürün ve 1/4 çay kaşığı tuz serpin. Kapaklar sadece yumuşayana kadar kaynatın, yarıya kadar çevirin, her tarafta 4 ila 5 dakika. Tamamen soğumaya bırakın.

d) Sirke, pepperoncini, kekik, kalan 1 yemek kaşığı yağ ve birkaç öğütülmüş karabiberi küçük bir kapta çırpın.

e) Sandviçleri bir araya getirin: Bir çalışma yüzeyine bir mantar kapağını, kesilmiş tarafı yukarı bakacak şekilde yerleştirin. 1 parça provolonu kapağın üzerine oturacak şekilde katlayın ve 1 dilim jambon ve salam ile tekrarlayın.

f) 1 dilim domates ve yaklaşık 2 yemek kaşığı marul ile doldurun. Biraz pepperoncini salata sosuyla gezdirin. Başka bir mantar kapaklı sandviç yapın ve zeytin dişli bir kürdan ile sabitleyin. 3 sandviç daha yapmak için kalan malzemelerle tekrarlayın.

g) Her sandviçi yarısına kadar yağlı kağıda sarın (bu, tüm meyve sularını yakalamanıza yardımcı olacaktır) ve servis yapın.

14.   Elma, Jambon ve Peynirli Sandviçler

Porsiyon: 2

İçindekiler

- elma
- jambon dilimleri
- Colby Jack Dilimleri
- Kahverengi Hardal, Dijon stili veya tercih edilen çeşni

Talimatlar

a) Elmaları halka halka dilimleyin.

b) Jambon dilimleri ekleyin. Peynir dilimleri ile üst.

c) Sandviçin üst halkasına hardal sürün ve üstüne yerleştirin (çeşni tarafı aşağı).

15. Ekmeksiz Kırmızı Biberli Sandviç

İçindekiler

- 2 kırmızı biber
- 150 gr fırınlanmış dana eti
- taze bocconcini
- Chipotle kireç mayonez
- Roka

Talimatlar

a) Alışveriş yaparken en az 2 kenarı düz olan kırmızı biberleri tercih etmeye çalışın. Düz kenarlar sandviç için en iyi sonucu verecektir. Şanslıysanız, kullanabileceğiniz 3 veya 4 tarafı olan büyük bir biber bulabilirsiniz.

b) Biberi, bir parça ekmek gibi çalışacak güzel bir düz parça yapacak şekilde kesin.

c) Şimdi ya barbeküde ya da kızartma tavasında, biberleri her iki tarafta yaklaşık 2 dakika hafifçe kızartın. Bu biberi biraz yumuşatacaktır.

d) Şimdi biberleri ekmek olarak kullanarak sandviçinizi yapın. Biber üzerine biraz mayonez sürün ve ardından sığır eti ekleyin.

e) Sonra birkaç dilim bocconcini koyun, üstüne biraz roka koyun, üstteki biber dilimine biraz daha mayonez ekleyin ve üstüne yerleştirin.

16. Tatlı Patates Burger Çörekleri

İçindekiler

- 1 Büyük Tatlı Patates
- 2 Çay Kaşığı Zeytinyağı
- Tuz ve biber

Talimatlar

a) Tatlı patateslerinizin kabuklarını soyun ve hamburger ekmeği şeklinde doğrayın.

b) Yaptığınız her burger için 2 orta boy dilime ihtiyacınız var. Hava fritözünüz aşırı kalabalıklaşmadan önce fritözde aynı anda 16 dilime kadar pişirebilirsiniz.

c) Ellerinizi kullanarak zeytinyağını üzerlerine sürün.

d) Tuz ve karabiberle tatlandırın.

e) Hava fritözünde 180c/360f'de 10 dakika pişirin.

f) Akdeniz burgerlerinizi iki adet tatlı patatesli hamburger ekmeği arasına yerleştirin ve servis yapın.

17. Ton Balığı Turşu Tekneleri

VERİM: 12 Turşu teknesi

İçindekiler

- 6 bütün bebek dereotu turşusu veya 2 büyük bütün turşu
- 5 oz. beyaz ton balığı
- $\frac{1}{4}$ fincan mayonez
- $\frac{1}{4}$ su bardağı doğranmış kırmızı soğan
- 1 çay kaşığı şeker veya bal

Talimatlar

a) Bütün turşuları uçtan uca uzunlamasına ortadan ikiye kesin. Bir kaşık veya soyma bıçağı kullanarak, kalan turşu kabuğuyla bir tekne şekli oluşturmak için turşunun her iki tarafını da kesin veya kazıyın.

b) İçleri kazınarak doğranır ve bir karıştırma kabına alınır. Bir kağıt havlu kullanarak turşu teknelerinden ve doğranmış iç kısımlardan kalan fazla meyve sularını emdirin.

c) Ton balığını iyice süzün ve kaseye ekleyin. Büyük parçaları doğramak için çatalla bastırın. Mayonez, kırmızı soğan, doğranmış turşu ve şeker veya bal (isteğe bağlı) ekleyin ve ton balığı salatası oluşturmak için iyice karıştırın.

d) Her turşu teknesine bir kaşık ton balıklı salata. Soğutun ve hemen servis yapın veya servis yapın.

18. Izgara Portobello Burgerler

4 hamburger yapar

İçindekiler

- 2 yemek kaşığı zeytinyağı
- 1 yemek kaşığı balzamik sirke
- $1/4$ çay kaşığı şeker
- $1/4$ çay kaşığı tuz
- $1/8$ çay kaşığı taze çekilmiş karabiber
- 4 büyük portobello mantar kapağı, hafifçe durulanır ve kurulanır
- 4 dilim kırmızı soğan
- 4 adet kaiser rulo, yatay olarak yarıya bölünmüş veya diğer burger ruloları
- 8 büyük taze fesleğen yaprağı
- 4 dilim olgun domates

Talimatlar

a) Izgarayı veya ızgarayı önceden ısıtın. Küçük bir kapta yağ, sirke, şeker, tuz ve biberi birleştirin. Kenara koyun.

b) Mantar kapaklarını ve soğan dilimlerini sıcak ızgaraya koyun ve her iki tarafı kızarana kadar, bir kez çevirerek, toplamda yaklaşık 10 dakika pişirin.

c) Mantarların ve soğanların üstlerini salata sosuyla fırçalayın ve sıcak tutun. Ruloları kesilmiş tarafı alta gelecek şekilde ızgaraya yerleştirin ve yaklaşık 1 dakika hafifçe kızartın.

d) Her rulonun alt yarısına bir soğan dilimi ve mantar koyun. Her birini iki fesleğen yaprağı ve bir domates dilimi ile doldurun. Kalan salata sosu ile gezdirin ve her bir burgeri rulo üstlerle kaplayın. Hemen servis yapın.

19.   tofu ile hamburger

İçindekiler

- ½ su bardağı bulgur
- 2 büyük havuç; parçalanmış
- 4 ons Sert tofu
- 1 Yumurta beyazı
- 3 yemek kaşığı doğranmış taze nane
- 3 yemek kaşığı kıyılmış dereotu
- ¼ çay kaşığı Cayenne biberi
- ⅓ fincan Sade panko; kurutulmuş
- ⅓ su bardağı Un; bölünmüş kullanım
- 2 yemek kaşığı Hafif ketçap
- 2 çay kaşığı Dijon hardalı
- 4 adet hamburger ekmeği
- 4 adet marul yaprağı
- 4 büyük domates dilimi
- ½ su bardağı yonca filizi

Talimatlar

a) Büyük bir kapaklı tencerede, suyu ve tuzu orta ateşte kaynatın. Bulguru ve havuçları ekleyip ocaktan alın.

b) Büyük bir kapta tofuyu ezin. Bulgur karışımı, yumurta akı, nane, yeşil soğan ve kırmızı biberi iyice karıştırarak karıştırın. Panko, $\frac{1}{4}$ su bardağı un, ketçap ve hardalı karıştırın.

c) Bulgur karışımını köfteler haline getirin, kızartın.

20.   Portabella ve Hellim Burgerleri

İki porsiyon yapar

İçindekiler

- 4 portabella mantarı kapağı
- 3 1/2 yemek kaşığı balzamik sirke
- 2 yemek kaşığı zeytinyağı
- 2 dilim domates
- 2 dilim hellim
- Bir avuç fesleğen yaprağı
- Deniz tuzu
- Taze kara biber

Talimatlar

a) Portabella mantarlarını ızgarada pişirin. Mantarları ızgarada pişirebilir veya ızgara yapabilirsiniz. Izgara yapmak için ızgarayı 450 °F (232 °C) (232 Santigrat) dereceye ısıtın. Alternatif olarak, fırın ızgaranızı önceden ısıtabilir ve rafı fırının üst üçte birlik kısmına koyabilirsiniz. Fırın veya ızgaranın ısınmasını beklerken portabella mantarlarının basamaklarını çıkarın. Mantarları zeytinyağı ile fırçalayın ve üzerlerine biraz deniz tuzu serpin. Her iki tarafta dört veya beş dakika ızgara yapın veya kızartın.

b) Hellim ızgara yapın. Hellimi arzu edilen, nispeten ince dilimler halinde dilimleyin (örneğin, yarım inç kalınlığında). Her tarafını iki dakika yüksek ateşte kızartın. Hellim yumuşak olmalı ve aromatik, tuzlu bir koku yaymalıdır.

c) Sandviçi birleştirin. Portabella mantarları topuzunuz olacak. Bir Portobello mantar kapağının üzerine ızgara Hellim peyniri, bir dilim domates ve fesleğen yapraklarını yerleştirin. Balzamik sirkeyi ve taze çekilmiş karabiberi ekleyin. Ardından diğer mantar kapağını üstüne yerleştirin. Diğer burger için bu işlemi tekrarlayın.

21. Salatalıklı Ton Balıklı Sandviçler

4 sandviç yapar

İçindekiler

- 2 uzun İngiliz salatalık
- 1 yemek kaşığı kırmızı şarap sirkesi
- 1/4 sade yoğurt
- 1/4 doğranmış dereotu
- 1/4 kereviz yaprağı
- 1 yemek kaşığı sızma zeytinyağı
- koşer tuzu
- Taze çekilmiş karabiber
- 2 dilimlenmiş yeşil soğan
- 2 yemek kaşığı mayonez
- 1 sap dilimlenmiş kereviz sapı
- 1/2 çay kaşığı limon kabuğu rendesi
- 2 onsluk hafif ton balığı konservesi, süzülmüş
- 1/2 su bardağı yonca filizi

Talimatlar

a) Salatalıkları hazırlayın. Bu ton balıklı sandviçte ekmek yerine kullanılacak olan salatalıkları hazırlamak için iki seçeneğiniz var. Meze sandviçleri yapıyorsanız, salatalığı soyup yatay olarak çeyrek inç dilimler halinde dilimlemelisiniz. Bu seçenek size daha fazla sayıda küçük ton balıklı sandviç verecektir. Alternatif olarak, bir alt tarz ton balıklı sandviç yapmak istiyorsanız, salatalıkları boyuna ikiye bölebilirsiniz. Ardından, ton balığı karışımını koyacağınız küçük tekneler yapmak için tohumları ve eti çıkarın. İçini bir çatalla biraz delin ki salatalık daha çok aromayı çeksin.

b) Vinaigrette karıştırın. Orta boy bir kapta hardal, sirke, tuz ve karabiberi çırpın. Daha sonra yavaş yavaş zeytinyağında çırpın. Son olarak salatalığı salatalığın üzerine dökün.

c) Ton balığı dolgusunu yapın. Ton balığını süzerek başlayın. Soğuk suyla iyice durulayın ve sonra bir kenara koyun. Küçük bir kapta mayonez, yoğurt, dereotu, kereviz yaprağı, yeşil soğan, kereviz, limon kabuğu rendesi, çeyrek çay kaşığı tuz ve bir tutam karabiber çırpın. Ton balığını kaseye atın ve ardından tüm malzemeleri birleştirmek için karıştırın.

d) Sandviçleri bir araya getirin. Meze versiyonunu yapıyorsanız, her dilim salatalığın üzerine bir parça ton balığı karışımı ve ardından birkaç filiz koyun. Ardından, sevimli küçük bir sandviç için üstüne başka bir dilim ekleyin. Alt tarz ton balıklı sandviç yapıyorsanız, salatalık teknelerini ton balığı karışımıyla doldurun ve ardından filizleri ekleyin. Üzerine salatalığın diğer yarısını ekleyin. Yiyin ve tadını çıkarın!

22.   Tofu veya Tavuklu Akdeniz Dürüm

İçindekiler

- 1 büyük yaprak tereyağlı marul
- 2 yemek kaşığı humus
- 1/2 su bardağı fasulye filizi
- 2 ons (yani yarım fincan) doğranmış tofu veya doğranmış, pişmiş tavuk göğsü
- 1 çay kaşığı za'atar veya susam

Talimatlar

a) Salatayı hazırlayın. Marul yaprağını, kaburga yatay olacak şekilde yerleştirin. Yeterince büyük bir yaprağınız yoksa, her zaman iki parça tereyağlı marulu biraz humusla yapıştırabilirsiniz. Bir parça marulun kenarına ince bir humus tabakası koyun ve ardından ikinci marulu üstüne yerleştirin ve aşağı doğru bastırın.

b) Humusu yayın. Humusu marul yaprağının alt üçte birlik kısmına eşit şekilde yayarak başlayın. Sadece büyük bir dolgu yerine eşit bir katmana yaymak istiyorsunuz. Yaprağın etrafında iki inçlik bir kenarlık olmalıdır.

c) Sargıyı birleştirin. Tofu veya pişmiş, dilimlenmiş tavuk göğsünü sargının ortasına yerleştirin. Ardından, filizleri ekleyin. Za-atar'ı tüm malzemelerin üzerine eşit şekilde dağıtın. Ardından sargınızı sarın. Yanları merkeze katlayarak başlayın. Ardından, yatay olarak yuvarlayın, börek yapıyormuş gibi kendinizden uzağa doğru yuvarlayın. İster hemen afiyetle yiyebilirsiniz, isterseniz streç filme sarıp buzluğa atabilirsiniz. Yirmi dört saat için iyi olacak.

23. Jambonlu ve peynirli sandviç

Dört kişiye hizmet eder

İçindekiler

- 1 orta boy jicama, dört inç uzunluğunda
- 1 yemek kaşığı ekşi krema
- 1 yemek kaşığı dilimlenmiş chives
- 1 çay kaşığı Dijon hardalı
- 1 çay kaşığı yaban turpu
- 6 ons şarküteri jambonu
- 4 dilim Havarti peyniri
- 2 su bardağı bebek roka
- Dereotu turşu mızrakları, isteğe bağlı
- Taze çekilmiş karabiber
- tatmak için tuz
- 4 pazı yaprağı
- 1 avokado
- 1/2 kırmızı dolmalık biber, dilimlenmiş
- 1 rendelenmiş havuç
- 1 dilimlenmiş domates

- 1 yeşil soğan, dörde bölünmüş
- 1 dilimlenmiş salatalık
- 1/2 pancar
- 1 su bardağı fesleğen yaprağı
- 1/2 su bardağı ceviz
- 1 diş sarımsak
- 2 yemek kaşığı limon suyu
- 1/4 su bardağı zeytinyağı
- Tatmak için biber ve tuz

Talimatlar

a) Jicama'yı soyun ve dilimleyin. Bir sebze soyucu veya keskin bir bıçak kullanarak jicama'yı soyun. Patates soyuyormuş gibi tüm derisini çıkardığınızdan emin olun. Ardından jicama'yı ince, yaklaşık sekiz inçlik dilimler halinde dilimleyin.

b) Sosu karıştırın. Küçük bir kapta ekşi krema, hardal, yaban turpu, frenk soğanı ve bir tutam taze çekilmiş karabiberi karıştırın. Tat vermek için tuz ekleyin.

c) Jambonlu ve peynirli sandviçleri birleştirin. Jicama dilimlerini yerleştirerek başlayın. Her dilimin üzerine bir kat sos sürün. Ardından, dört sandviçin her birine dörtte bir jambon, peynir ve roka ekleyin. Her sandviçi bir jicama dilimi ile doldurun. Her sandviçi ikiye bölün ve yanında turşu ile servis yapın.

24.   Pestolu İsviçre Pazı Sarması

4 pazı yaprağı

İçindekiler

- 1 avokado
- 1/2 kırmızı dolmalık biber, dilimlenmiş
- 1 rendelenmiş havuç
- 1 dilimlenmiş domates
- 1 yeşil soğan, dörde bölünmüş
- 1 dilimlenmiş salatalık
- 1/2 pancar
- 1 su bardağı fesleğen yaprağı
- 1/2 su bardağı ceviz
- 1 diş sarımsak
- 1 veya iki yemek kaşığı limon suyu
- 1/4 su bardağı zeytinyağı
- Tatmak için biber ve tuz

Talimatlar

a) İsviçre pazı yapraklarını hazırlayın. İsviçre pazı yapraklarını yıkayın ve kurulayın. Ardından, sapı kesin. Yaprağın alt kısmından yaklaşık yarım inç yukarıda, gerçek yaprağa biraz kesmeniz gerekecektir.

b) Pestoyu karıştırın. Küçük bir mutfak robotunda tüm pesto malzemelerini atın. Bu, fesleğen, ceviz, zeytinyağı, limon suyu, sarımsak, tuz ve karabiberi tatmak için içermelidir. Güzel, pürüzsüz bir pesto elde edene kadar hepsini karıştırın.

c) Sargıları birleştirin. Her bir İsviçre pazı yaprağına birkaç yemek kaşığı pesto ekleyin. Daha sonra kalan malzemeleri içine atın. İsviçre pazı yaprağının kenarlarını katlayın. Son olarak, bir börek gibi yuvarlayın. Vücudunuzdan uzağa yuvarlayın. İster hemen afiyetle yiyin isterseniz streç filme sarıp buzdolabına koyun.

BURGERLER

25.   Tavuk Suşi Burger

Porsiyon: 2

İçindekiler

Suşi pirinci

- 1 bardak suşi pirinci 8 oz., su berraklaşana kadar yıkanır ve birkaç dakika süzgeçte bırakılır.
- 1 su bardağı soğuk su
- $\frac{1}{4}$ su bardağı siyah susam isteğe bağlı
- Suşi Baharatı
- $\frac{1}{4}$ fincan mirin
- $\frac{1}{4}$ bardak pirinç şarabı sirkesi
- $\frac{1}{4}$ fincan beyaz şeker
- 1 yemek kaşığı tuz, tecrübeli pirinç sirkesi kullanıyorsanız daha az kullanın

Tavuk

- 1 tavuk göğsü 2 adet pirzola VEYA 2 adet but parçası yapacaktır.
- 1 yumurta
- Süt sıçraması
- Tuz
- panko kırıntıları

- Kızartmak için sıvı yağ

- tavuk turşusu

- 1 Yemek Kaşığı Soya Sosu

- 1 yemek kaşığı Pirinç şarabı sirkesi

- 1 çay kaşığı sarımsak tozu

- 1/2 çay kaşığı acı biber daha az baharatlı seviyorsanız azaltın

- 1 yemek kaşığı esmer şeker

Baharatlı Domates Sosu

- ½ fincan ketçap sosu

- 2 yemek kaşığı mirin

- 1 çay kaşığı ezilmiş biber gevreği

- 1 yemek kaşığı Worcestershire sosu

- su sıçraması

- Asya Taze Soğanlı Omlet

- 2 yumurta

- 2 yemek kaşığı süt

- Cömert balık sosu veya soya sosu sıçraması

- 3 adet ince doğranmış taze soğan

Hizmet etmek

- Kewpie
- mayonez
- Furikake Baharatı

Talimatlar

Suşi Pirinç Çörekleri

a) Tüm malzemeleri küçük bir tencereye koyun ve orta ateşte ısıtın. Şeker ve tuzun eridiğinden emin olmak için karıştırın. Hafif kaynayınca ocaktan alın ve kenara alın.

b) Yıkanmış pirinci bir kevgir veya elek içinde yaklaşık 5-10 dakika kurumaya bırakın. Pirinci ve suyu bir pirinç ocağına koyun ve üreticinin talimatlarına göre pişmesine izin verin. Kullanıma hazır olana kadar pirinci sıcak tutun.

c) Suşi burgerini yapmaya hazır olduğunuzda, pirinci daha büyük bir kaseye veya kaba yayın.

d) Üzerine $\frac{1}{4}$ fincan siyah susam serpin. Islak bir bezi el altında bulundurun.

e) Kabaca 1/4 fincan suşi baharatını ölçün ve pirincin üzerine serpin ve geniş bir kaşık (pirinç küreği gibi) kullanarak pirinci "doğrayın" ve pirinci ezmemeye veya kırmamaya dikkat ederek hafifçe katlayın.

f) Pirinci kabaca 4 eşit parçaya bölün.

g) Suşi "çöreklerini" elle şekillendirme - ıslak ellerle, her bir parçayı bir burger çöreği haline getirin. Onları ıslak bezle kaplı bir tabakta saklayın.

h) Suşi "çöreklerini" bir yumurta halkasıyla şekillendirme - ıslak yumurta halkalarını bir parşömen kağıdına yerleştirin ve bir porsiyon pirinci yumurta halkasına yerleştirin. Islak bir kaşık kullanarak, kompakt, kalıplanmış bir pirinç "çöreği" oluşturana kadar pirinci yumurta halkalarına bastırın.

i) Küçük bir yapışmaz tavada, biraz yağ fırçalayın ve her bir pirinç topunun sadece bir tarafını orta ateşte veya biraz karamelize etmeye başlayana kadar yaklaşık 3 - 5 dakika kızartın. Kenara koyun ve ıslak bir bezle örtün.

Tavuk

j) Tavuk göğsünü kelebekleyin ve 2 ince (1 cm kalınlığında) tavuk göğsü filetosu elde etmek için ikiye bölün. Ya da tavuk butlarını ince filetolar halinde döverek et çekici kullanabilirsiniz.

k) Marine malzemelerini bir kaseye ekleyin ve tavuk filetolarını ekleyin ve birkaç saat marine etmelerine izin verin (isteğe bağlı).

l) Bir kaseye yumurtaları, kremayı, tuzu ve çırpma telini koyun. Tavuğu yumurta yıkamaya batırın ve tamamen kaplayın. Ardından panko panko kırıntıları ile kaplayın. Kızartmaya hazır olana kadar bir kenara koyun.

m) Tavuk pirzolalarını sığ kızartmak için orta yüksek ateşte bir tavada yağı ısıtın. Yağ ısıtıldığında (yaklaşık 350°F), panelenmiş tavuk pirzolasını dikkatli bir şekilde yerleştirin (tavayı fazla doldurmayın) ve altın kahverengi olana ve pişene kadar her iki yüzünü 4 dakika kızartın (benimki her iki tarafta 4 dakika sürdü). Yağı boşaltmak için bir boşaltma rafına yerleştirin. Gerektiği kadar fırında sıcak tutabilirsiniz.

Baharatlı Ketçap Sosu

n) Tüm malzemeleri küçük bir tencereye koyun. Orta ateşte, karıştırırken malzemeleri kaynatın. Soğuması için kenara alın. Çok kalınsa, bir sıçrama su ekleyin.

o) Asya Taze Soğanlı Omlet

p) Yumurta, krema ve balık sosunu bir kasede çırpın.

q) Yapışmaz bir tavaya iki yumurta halkasını koyun ve orta ateşte ısıtın. Yumurtaların yapışmasını önlemek için yumurta halkalarına biraz yağ spreyi sıkın.

r) Yumurta karışımını iki halka arasında bölün. Omletin üstüne taze soğanları ekleyin ve yumurtalar sertleşene kadar pişirin.

s) Yumurta halkanız yoksa küçük bir tavada her seferinde 1 omlet yapın, taze soğan serpin ve burgere sığacak daha küçük omletler yapmak için bir kez katlayın.

Suşi Burger Montajı

t) Panelenmiş tavuk pirzolaları dilimleyin.

u) Suşi pirinç topuzunu baharatlı ketçap sosuyla (Tonkatsu sosu) fırçalayın. Dilimlenmiş tavuğu pirinç topuzuna yerleştirin. Tavuğun üzerine biraz baharatlı ketçap sosu (veya Tonkatsu sosu) koyun.

v) Omleti üstüne koyun, ardından kewpie veya mayonez. İkinci bir suşi pirinç çöreği ile doldurun. Zevk almak!

26.   Domates Avokado Burgerleri

Porsiyon 4

İçindekiler

- 4 büyük domates
- 1 kiloluk otla beslenen organik kıyma
- 1/4 çay kaşığı öğütülmüş karabiber
- 1/2 artı 1/4 çay kaşığı ince taneli deniz tuzu
- 1 çay kaşığı pul biber
- 1 olgun avokado, bölünmüş
- 2 yemek kaşığı Yunan yoğurdu
- 1 yemek kaşığı mayonez
- 2 çay kaşığı taze limon suyu
- 1/4 çay kaşığı öğütülmüş kimyon
- Bir avuç yonca filizi

Talimatlar

a) Avokadonun yarısını bir kaseye koyun ve neredeyse pürüzsüz olana kadar çatalla ezin. Yoğurt, mayonez, limon suyu ve kimyonu ekleyin ve birleştirmek için karıştırın. Avokadonun kalan yarısını rendeleyin ve ¼ çay kaşığı tuzun yanına ekleyin. Birleştirmek için hafifçe karıştırın. Kenara koyun.

b) Bir kasede kıymayı ½ çay kaşığı tuz, karabiber ve pul biber ile baharatlayın ve iyice karıştırın.

c) Izgarayı (veya ızgara tavasını) orta-yüksek ısıya ısıtın. Köftelerin her iki tarafını da 3'er dakika veya istenilen pişme derecesine kadar ızgara yapın.

d) Bu arada orta yapışmaz bir tava/tava zeytinyağı ile hafifçe yağlayın ve orta-yüksek ateşte ısıtın. Yarıya bölünmüş domatesleri, kahverengileşmeye başlayana kadar 2 ila 3 dakika yüzleri aşağı bakacak şekilde pişirin.

e) Burgerleri hazırlamak için, her bir domatesin alt kısmına büyük bir tutam filizi koyun, üstüne dana köftesi, yaklaşık 2 yemek kaşığı avokado sosu koyun ve her bir domatesin diğer yarısı ile bitirin.

27. Roka ile Kırmızı Pancar Burger

İçindekiler

4 KİŞİLİK

- 15 oz. Açık Kırmızı Barbunya (kutu)
- 2 1/2 yemek kaşığı sızma zeytinyağı
- 2 1/2 oz. kremalı mantar
- 1 orta boy kırmızı soğan
- 1/2 su bardağı pişmiş kahverengi pirinç
- 3/4 su bardağı Pancar Ham
- 1/3 su bardağı Kenevir Tohumu
- 1 çay kaşığı öğütülmüş karabiber
- 1/2 çay kaşığı deniz tuzu
- 1/2 çay kaşığı Öğütülmüş Kişniş Tohumu
- 1/2 çay kaşığı Worcestershire Sos
- 1 yumurta
- 4 su bardağı Organik Bebek Roka
- 2 çay kaşığı Beyaz Balzamik Sirke
- 1/3 su bardağı Keçi Peyniri Ufalanmış

Talimatlar

a) Fırını 375 ° F'ye önceden ısıtın. Barbunyaları büyük bir karıştırma kabında iyice ezin; bir kenara koyun.

b) 1 yemek kaşığı yağı büyük bir yapışmaz tavada orta ateşte ısıtın. Mantarları ve soğanın dörtte üçünü ekleyin ve yumuşayana kadar yaklaşık 8 dakika soteleyin.

c) Sebze karışımını fasulyelerle birlikte büyük karıştırma kabına aktarın. Pirinç, pancar, kenevir tohumu, biber, tuz, kişniş ve Worcestershire sosunu birleştirilene kadar karıştırın. Yumurtayı (veya vegan yumurta ikame maddesini) ekleyin ve iyice birleşene kadar karıştırın.

d) Karışımı dört top haline getirin; büyük, ağartılmamış parşömen kağıdı serili fırın tepsisine yerleştirin. Parmak uçlarınızla dört (4 inç çapında) köftesi yapın. Yarım yemek kaşığı sıvı yağ ile köftelerin üzerine parmak uçlarınızla hafifçe vurun. 1 saat pişirin. Her bir burgeri çok nazikçe çevirin ve yaklaşık 20 dakika daha gevrek, sert ve esmerleşene kadar pişirin. Pişirme işlemini tamamlamak için en az 5 dakika bekletin.

e) Rokayı sirke ve kalan 1 yemek kaşığı yağ ile atın, her bir burgerin üzerine yerleştirin. Kalan soğan ve keçi peyniri serpin ve servis yapın.

28. Macadamia-Kaju Köftesi

4 köfte yapar

İçindekiler

- 1 su bardağı kıyılmış macadamia fıstığı
- 1 su bardağı doğranmış kaju
- 1 orta boy havuç, rendelenmiş
- 1 küçük soğan, doğranmış
- 1 diş sarımsak, kıyılmış
- 1 jalapeno veya diğer yeşil şili, çekirdekleri çıkarılmış ve kıyılmış
- 1 su bardağı eski moda yulaf
- 1 su bardağı kuru baharatsız panko
- 2 yemek kaşığı kıyılmış taze kişniş
- 1/2 çay kaşığı öğütülmüş kişniş
- Tuz ve taze çekilmiş karabiber
- 2 çay kaşığı taze limon suyu
- Kızartmak için kanola veya üzüm çekirdeği yağı
- 4 sandviç rulo
- Marul yaprakları ve tercih edilen baharat

Talimatlar

a) Bir mutfak robotunda macadamia somununu birleştirins, kaju fıstığı, havuç, soğan, sarımsak, şili, yulaf, panko, kişniş, kişniş ve tatmak için tuz ve karabiber. İyice karışana kadar işleyin. Limon suyunu ekleyin ve iyice karışana kadar işleyin. Tat, gerekirse baharatları ayarlayın. Karışıma 4 eşit köfte şekli verin.

b) Büyük bir tavada, orta ateşte ince bir yağ tabakasını ısıtın. Köfteleri ekleyin ve her iki tarafı altın kahverengi olana kadar pişirin, bir kez çevirin, toplamda yaklaşık 10 dakika. Marul ve tercih ettiğiniz çeşnilerle sandviç rulolarında servis yapın.

29. Cevizli Mercimek Burgerler

4 ila 6 burger yapar

İçindekiler

- 11/2 su bardağı pişmiş kahverengi mercimek
- 1/2 su bardağı çekilmiş ceviz
- 1/2 fincan eski moda yulaf
- 1/4 su bardağı kuru baharatsız panko
- 1/4 su bardağı buğday glüteni unu (hayati buğday glüteni)
- 1/2 su bardağı kıyılmış soğan
- 1/4 su bardağı kıyılmış taze maydanoz
- 1 çay kaşığı Dijon hardalı
- 1/2 çay kaşığı tuz
- 1/8 çay kaşığı taze çekilmiş karabiber
- 2 yemek kaşığı zeytinyağı
- 4 ila 6 burger rulosu
- Marul yaprakları, dilimlenmiş domates, dilimlenmiş kırmızı soğan ve tercih edilen çeşniler

Talimatlar

a) Bir mutfak robotunda mercimek, ceviz, yulaf, panko, un, soğan, maydanoz, hardal, tuz ve biberi birleştirin. Biraz doku bırakarak birleştirmek için darbe. Mercimek karışımını 4 ila 6 burger şeklinde şekillendirin.

b) Büyük bir tavada, yağı orta ateşte ısıtın. Burgerleri ekleyin ve altın kahverengi olana kadar pişirin, her bir tarafta yaklaşık 5 dakika.

c) Hamburgerleri marul, domates dilimleri, soğan ve tercih ettiğiniz çeşnilerle rulo halinde servis edin.

30. Siyah Fasülye Hamburgerleri

4 hamburger yapar
İçindekiler

- 3 yemek kaşığı zeytinyağı
- ½ su bardağı kıyılmış soğan
- 1 diş sarımsak, kıyılmış
- 1½ fincan pişmiş veya 1 (15,5 ons) siyah fasulye olabilir, süzülür ve durulanır
- 1 yemek kaşığı kıyılmış taze maydanoz
- ½ su bardağı kuru baharatsız panko
- ¼ su bardağı buğday glüteni unu (hayati buğday glüteni)
- 1 çay kaşığı füme kırmızı biber
- ½ çay kaşığı kuru kekik
- Tuz ve taze çekilmiş karabiber
- 4 hamburger rulosu
- 4 marul yaprağı
- 1 ripe4 inçlik dilimler halinde kesilmiş 1 olgun domates

Talimatlar

a) Küçük bir tavada, orta ateşte 1 yemek kaşığı yağı ısıtın. Soğanı ve sarımsağı ekleyin ve yumuşayana kadar yaklaşık 5 dakika pişirin.

b) Soğan karışımını bir mutfak robotuna aktarın. Fasulye, maydanoz, panko, un, kırmızı biber, kekik ve tadına göre tuz ve karabiber ekleyin. İyice birleştirilene kadar işleyin, biraz doku bırakın. Karışımı 4 eşit köfte şeklinde şekillendirin ve 20 dakika buzdolabında bekletin.

c) Büyük bir tavada kalan 2 yemek kaşığı yağı orta ateşte ısıtın. Hamburgerleri ekleyin ve her iki tarafı kızarana kadar pişirin, bir kez çevirerek, her iki tarafta yaklaşık 5 dakika.

d) Hamburgerleri marulla rulo şeklinde servis edin vedomates dilimleri.

31. Bir çeşit Fındıklı Burger

4 hamburger yapar

İçindekiler

- 2 yemek kaşığı artı 1 çay kaşığı zeytinyağı
- 1 küçük soğan, doğranmış
- 1 orta boy havuç, rendelenmiş
- 1 su bardağı tuzsuz karışık fındık
- 1/4 su bardağı buğday glüteni unu (hayati buğday glüteni), artı gerekirse daha fazlası
- 1/2 fincan eski moda yulaf ve gerekirse daha fazlası
- 2 yemek kaşığı kremalı fıstık ezmesi
- 2 yemek kaşığı kıyılmış taze maydanoz
- 1/2 çay kaşığı tuz
- 1/4 çay kaşığı taze çekilmiş karabiber
- 4 hamburger rulosu
- 4 marul yaprağı
- 1 ripe4 inçlik dilimler halinde kesilmiş 1 olgun domates

Talimatlar

a) İçindeorta boy bir tavada 1 çay kaşığı yağı orta ateşte ısıtın. Soğanı ekleyin ve yumuşayana kadar pişirin, yaklaşık 5 dakika. Havucu karıştırın ve bir kenara koyun.

b) Bir mutfak robotunda, fındıkları doğranana kadar çekin. Un, yulaf, fıstık ezmesi, maydanoz, tuz ve karabiber ile birlikte soğan-havuç karışımını ekleyin. İyice karışana kadar işleyin. Karışımı yaklaşık 4 inç çapında 4 eşit köfte haline getirin. Karışım çok gevşekse, biraz daha un veya yulaf ekleyin.

c) Büyük bir tavada kalan 2 yemek kaşığı yağı orta ateşte ısıtın, hamburgerleri ekleyin ve her iki tarafı da yaklaşık 5 dakika kızarana kadar pişirin.

d) Hamburgerleri marul ve domates dilimleri ile rulo halinde servis edin.

32. Altın Sebzeli Burgerler

4 hamburger yapar

İçindekiler

- 2 yemek kaşığı zeytinyağı
- 1 küçük sarı soğan, doğranmış
- 1/2 küçük sarı dolmalık biber, doğranmış
- 11/2 su bardağı pişmiş veya 1 (15.5 ons) nohut konservesi, süzülmüş ve durulanmış
- ¾ çay kaşığı tuz
- 1/4 çay kaşığı taze çekilmiş karabiber
- 1/4 su bardağı buğday glüteni unu (hayati buğday glüteni)
- 4 hamburger rulosu
- Tercih edilen çeşniler

Talimatlar

a) benbüyük bir tavada 1 yemek kaşığı sıvı yağı orta ateşte kızdırın. Soğanı ve biberi ekleyin ve yumuşayana kadar yaklaşık 5 dakika pişirin. Hafifçe soğuması için kenara alın.

b) Soğutulmuş soğan karışımını bir mutfak robotuna aktarın. Nohut, tuz ve karabiberi ekleyip karıştırın. Unu ekleyin ve birleştirmek için işlem yapın.

c) Karışımı, yaklaşık 4 inç çapında 4 burger haline getirin. Karışım çok gevşekse, biraz daha un ekleyin.

d) Büyük bir tavada kalan 2 yemek kaşığı yağı orta ateşte ısıtın. Hamburgerleri ekleyin ve sertleşip her iki tarafı kızarana kadar pişirin, bir kez çevirerek, her iki tarafta yaklaşık 5 dakika.

e) Burgerleri, tercih ettiğiniz çeşnilerle rulo halinde servis edin.

33. Beyaz Fasulye ve Ceviz Köftesi

4 köfte yapar

İçindekiler

- ¼ su bardağı doğranmış soğan
- 1 diş sarımsak, ezilmiş
- 1 su bardağı ceviz parçaları
- 1 su bardağı konserve veya pişmiş beyaz fasulye, süzülmüş ve durulanmış
- 1 su bardağı buğday glüteni unu (hayati buğday glüteni)
- 2 yemek kaşığı kıyılmış taze maydanoz
- 1 yemek kaşığı soya sosu
- 1 çay kaşığı Dijon hardalı ve servis için daha fazlası
- ½ çay kaşığı tuz
- ½ çay kaşığı öğütülmüş adaçayı
- ½ çay kaşığı tatlı kırmızı biber
- ¼ çay kaşığı zerdeçal
- ¼ çay kaşığı taze çekilmiş karabiber
- 2 yemek kaşığı zeytinyağı
- Marul yaprakları ve dilimlenmiş domates

Talimatlar

a) Bir mutfak robotunda soğan, sarımsak ve cevizleri birleştirin ve ince bir şekilde öğütünceye kadar işleyin.

b) Fasulyeleri küçük bir tavada orta ateşte karıştırarak 1 ila 2 dakika nemin buharlaşması için pişirin. Fasulyeleri un, maydanoz, soya sosu, hardal, tuz, adaçayı, kırmızı biber, zerdeçal ve biberle birlikte mutfak robotuna ekleyin. İyice karışana kadar işleyin. Karışıma 4 eşit köfte şekli verin.

c) Büyük bir tavada, yağı orta ateşte ısıtın. Köfteleri ekleyin ve her iki tarafta yaklaşık 5 dakika kızarana kadar pişirin.

d) Marul ve dilimlenmiş domates ile servis yapın.

34.   Körili Nohut Köftesi

4 köfte yapar

İçindekiler

- 3 yemek kaşığı zeytinyağı
- 1 küçük soğan, doğranmış
- 1½ çay kaşığı sıcak veya hafif köri tozu
- ½ çay kaşığı tuz
- ⅛ çay kaşığı öğütülmüş cayenne
- 1 su bardağı haşlanmış nohut
- 1 yemek kaşığı kıyılmış taze maydanoz
- ½ su bardağı buğday gluteni unu
- ⅓ su bardağı kuru baharatsız panko
- ¼ su bardağı vegan mayonez
- Lahana Yaprakları
- 1 ripe4 inçlik dilimler halinde kesilmiş 1 olgun domates

Talimatlar

a) Büyük bir tavada, orta ateşte 1 yemek kaşığı yağı ısıtın. Soğanı ekleyin, örtün ve yumuşayana kadar 5 dakika pişirin. 1 çay kaşığı köri tozu, tuz ve kırmızı biberi karıştırın ve ocaktan alın. Kenara koyun.

b) Bir mutfak robotunda nohut, maydanoz, buğday gluteni unu, panko ve pişmiş soğanı birleştirin. Biraz doku bırakarak birleştirme işlemi.

c) Nohut karışımını 4 eşit köfte haline getirin ve bir kenara koyun.

d) Büyük bir tavada kalan 2 yemek kaşığı yağı orta ateşte ısıtın. Köfteleri ekleyin, örtün ve her iki tarafta altın kahverengi olana kadar pişirin, her iki tarafta yaklaşık 5 dakika bir kez çevirin.

e) Küçük bir kapta kalan 1/2 çay kaşığı köri tozunu mayonezle karıştırarak karıştırın.

35. Mayolu Pinto Fasulye Köftesi

4 köfte yapar

İçindekiler

- 1 1/2 fincan pişmiş veya 1 (15,5 ons) barbunya fasulyesi, durulanır ve süzülür

- 1 orta arpacık, doğranmış

- 1 diş sarımsak, kıyılmış

- 2 yemek kaşığı doğranmış taze kişniş

- 1 çay kaşığı Creole baharatı

- 1/4 su bardağı buğday gluteni unu

- Tuz ve taze çekilmiş karabiber

- 1/2 su bardağı kuru baharatsız panko

- 1 su bardağı vegan mayonez

- 2 çay kaşığı taze limon suyu

- 1 serrano şili, numaralı seribaşı ve kıyılmış

- 2 yemek kaşığı zeytinyağı

- Kıyılmış marul

- 1 domates, 1/4 inçlik dilimler halinde kesilmiş

Talimatlar

a) Fazla nemi emmek için fasulyeleri kağıt havluyla kurulayın. Bir mutfak robotunda fasulye, arpacık soğanı, sarımsak, kişniş, Creole baharatı, un ve tuz ve karabiberi tatmak için birleştirin. İyice karışana kadar işleyin.

b) Karışımı 4 eşit parçaya bölün, gerekirse daha fazla un ekleyin. Köfteleri pankoya bulayın. 20 dakika soğutun.

c) Küçük bir kapta mayonez, limon suyu ve serrano şilini birleştirin. Tuz ve karabiberle tatlandırın, iyice karıştırın ve servise hazır olana kadar buzdolabında bekletin.

d) Büyük bir tavada, yağı orta ateşte ısıtın. Köfteleri ekleyin ve her iki tarafta yaklaşık 5 dakika kızarana ve çıtır çıtır olana kadar pişirin.

e) Köfteleri, marulları ve domatesleri servis edin.

36. Vegan sebzeli burger

Verim: 1 Porsiyon

Bileşen

- 1 Hamburger Çöreği, Düşük Kalori
- 1 Hamburger Böreği
- 1 ons Kırmızı Soğan - dilimlenmiş
- $\frac{1}{2}$ ons Roma Domates - dilimlenmiş
- $\frac{3}{4}$ ons Romaine Marul
- $1\frac{1}{2}$ çay kaşığı Ketçap
- $1\frac{1}{2}$ çay kaşığı Vegan Yağsız Mayonez
- $1\frac{1}{2}$ yemek kaşığı Vegan Pastırma Parçaları

Talimatlar

a) GRILL EXPRESS üzerine hamburger köftesi ve soğanı koyun.

b) 1 ila $1\frac{1}{2}$ dakika ızgara yapın. Vegan mayonez, ketçap ile yayılmış çörek üzerine kazık. Marul ekleyin ve her yerine pastırma parçaları serpin.

37. Garbanzo fasulye burger

Verim: 6 porsiyon

Bileşen

- 2 su bardağı rendelenmiş nohut
- 1 adet kereviz sapı, ince doğranmış
- 1 adet havuç, ince doğranmış
- $\frac{1}{4}$ küçük soğan, kıyılmış
- $\frac{1}{4}$ su bardağı Tam buğday unu
- Tatmak için biber ve tuz
- 2 çay kaşığı Yağ

Talimatlar

a) Malzemeleri (yağ hariç) bir kapta karıştırın. 6 düz köftesi oluşturun.

b) Yağlı tavada orta-yüksek ateşte hamburgerlerin her iki tarafı altın sarısı olana kadar kızartın.

38. bulgur köftesi

Verim: 4 porsiyon

İçindekiler

- 1 diş sarımsak, kıyılmış
- $\frac{1}{4}$ su bardağı bulgur
- 1 kutu nohut, süzülmüş (19 oz.)
- $\frac{1}{4}$ su bardağı susam, kızarmış
- 1 soğan
- 1 Çay kaşığı limon suyu
- $\frac{1}{2}$ Çay kaşığı tuz
- $\frac{1}{4}$ Çay kaşığı biber
- 4 havuç, rendelenmiş
- 1 kaburga kereviz, doğranmış

Talimatlar

a) Tencerede suyu kaynama noktasına getirin. Bulguru ekleyin; örtün ve 8 dakika pişirin. Mutfak robotunda nohut, susam, soğan, limon suyu, tuz, karabiber ve sarımsağı pürüzsüz olana kadar püre haline getirin.

b) Bir kasede nohut karışımı, pişmiş bulgur, havuç ve kerevizi birleştirin. Burgerler oluşturun. Etlik tavada hafif yağ rafı. Burgerleri rafa yerleştirin.

c) Broiler'i önceden ısıtın. 18 dakika, ısıdan 3 inç, bir kez çevirerek kaynatın.

39. All-star sebzeli köfte

Verim: 1 Porsiyon

Bileşen

- 8 ons Haddelenmiş yulaf
- 4 ons Vegan mozzarella peyniri
- 3 ons Shiitake mantarları doğranmış
- 3 ons Yumurta akı
- 3 ons' Beyaz soğan doğranmış
- 2 diş kıyılmış sarımsak
- 2 ons doğranmış kırmızı biber
- 2 ons kabak zar

Talimatlar

a) Tüm malzemeleri bir mutfak robotunda birleştirin. Malzemeleri kabaca birleştirmek için açma/kapama düğmesine basın

b) Fazla karıştırmayın. Son karıştırma elle yapılabilir. Dört ons köftesi oluşturun.

c) Bir tavaya az miktarda zeytinyağı ekleyin. Tava sıcakken köfteyi ekleyin. Her tarafta bir dakika pişirin.

40. Yulaf ezmeli sebzeli köfte

Bileşen

- ½ su bardağı yeşil soğan - doğranmış
- ¼ fincan Yeşil biber - doğranmış
- ¼ fincan Maydanoz - doğranmış
- ¼ çay kaşığı beyaz biber
- 2 diş sarımsak - doğranmış
- ½ su bardağı Vegan Mozzarella peyniri - rendelenmiş
- ¾ su bardağı esmer pirinç
- ⅓ fincan; su -- beyaz şarap
- ½ su bardağı Havuç - rendelenmiş
- ⅔ su bardağı Soğan - doğranmış
- 3 kereviz sapı - doğranmış
- 1¼ çay kaşığı Baharat tuzu
- ¾ çay kaşığı kekik
- ½ fincan Vegan Cheddar peyniri - rendelenmiş
- 2 su bardağı Yulaf ezmesi - hızlı
- ½ su bardağı Bulgur buğdayı

Talimatlar

a) Pirinç ve bulguru pişirin. Sebzeleri kapalı bir tavada bir veya iki kez karıştırarak -2-3 dakika kavurun. Sebzeler hala gevrek olmalıdır. iyice süzün; peynir hafifçe eriyene kadar pirinç ve peynirle karıştırın.

b) Kalan malzemelerle karıştırın. 4 onsluk köftelerde şekil verin. Pişirme spreyi kullanarak ızgara veya yapışmaz tavada her birini yaklaşık 10 dakika pişirin. Tam buğday ekmeği üzerinde servis yapın.

41.   Bulgur Mercimek sebzeli köfte

Verim: 6 porsiyon

Bileşen

- 2 su bardağı haşlanmış mercimek
- 1 su bardağı Füme Portobello mantarı,
- 1 su bardağı bulgur
- 2 Diş közlenmiş sarımsak,
- 1 yemek kaşığı Worcestershire
- 2 yemek kaşığı Ceviz yağı
- $\frac{1}{4}$ çay kaşığı Tarhun, kıyılmış
- Tatmak için biber ve tuz

Talimatlar

a) Bir odun veya kömür ızgarası hazırlayın ve köz haline gelmesine izin verin.

b) Büyük bir karıştırma kabında mercimekleri pürüzsüz olana kadar ezin. Diğer tüm malzemeleri ekleyin ve iyice birleşene kadar karıştırın. En az 2 saat soğutun. Burger haline getirin. Hamburgerleri zeytinyağı ile fırçalayın ve her iki tarafını 6 dakika veya pişene kadar ızgara yapın. En sevdiğiniz baharatlarla sıcak servis yapın.

42. sebzeli köfte

Bileşen

- ½ su bardağı pişmemiş bulgur
- ½ su bardağı Kaynar su
- 1 su bardağı doğranmış fırın patates
- 3 su bardağı Su
- 1 su bardağı ince doğranmış kabak
- ½ su bardağı doğranmış soğan
- ¼ su bardağı kıyılmış taze maydanoz
- 2 diş sarımsak; kıyılmış
- 5 hamburger ekmeği
- ½ su bardağı yağsız ekşi krema
- ¼ su bardağı doğranmış çekirdekleri soyulmuş salatalık
- ¼ çay kaşığı Kuru dereotu
- 1 diş sarımsak; kıyılmış
- ½ su bardağı ufalanmış Vegan beyaz peynir
- 5 Domates dilimleri; 1/4 inç kalınlığında

Talimatlar

a) BURGERLER: Bulguru ve kaynar suyu geniş bir kapta karıştırın. Örtün ve 30 dakika bekletin. Bu arada patates ve 3 su bardağı suyu bir tencerede birleştirin; kaynamaya getirin.

b) Isıyı azaltın; 5 ila 10 dakika yumuşayana kadar pişirin ve boşaltın. Serin.

c) Bulgur, patates, kabak, soğan, maydanoz, sarımsak, tuz ve karabiberi geniş bir kapta karıştırın. Karışımı 5 eşit parçaya bölün ve yarım parmak kalınlığında köfteler yapın.

d) Sıcak olana kadar orta-yüksek ısıda pişirme spreyi ile kaplanmış büyük bir yapışmaz tava yerleştirin. Köftelerin her iki yüzünü 4'er dakika pişirin.

43.   mantarlı tofu köftesi

Bileşen

- ½ su bardağı Haddelenmiş yulaf
- 1¼ su bardağı iri kıyılmış badem
- 1 yemek kaşığı Zeytin veya kanola yağı
- ½ su bardağı doğranmış yeşil soğan
- 2 çay kaşığı kıyılmış sarımsak
- 1½ su bardağı kıyılmış krema
- ½ su bardağı Pişmiş pirinç; kahverengi basmati
- ⅓ fincan Vegan çedar peyniri
- ⅔ fincan Püresi sert tofu
- 1 büyük yumurta; artı
- 1 Yumurta akı; hafif çırpılmış
- 3 yemek kaşığı kıyılmış maydanoz
- ½ su bardağı kuru panko
- 6 dilim Taze mozzarella; istenirse

Talimatlar

a) Yağı bir sote tavasında ısıtın ve orta ateşte soğan, sarımsak ve mantarları yumuşayana ve hafif renk alana kadar soteleyin. Yulafı ekleyin ve sürekli karıştırarak 2 dakika daha pişirmeye devam edin.

b) Soğan karışımını pirinç, peynir, tofu, yumurta ile birleştirin. Maydanoz, panko ve badem ve birleştirmek için karıştırın. Tuz ve karabiberle tatmak için baharatlayın. 6 köfteye şekil verin ve soteleyin veya dışı altın rengi ve gevrek olana kadar kızartın.

c) Bir dilim taze mozzarella peyniri ve bir veya iki çay kaşığı taze salsa ekleyin ve hemen olduğu gibi servis yapın.

44.   Ovo sebzeli köfte

Verim: 1 porsiyon

Bileşen

- ½ Doğranmış Soğan
- ½ su bardağı haşlanmış yeşil mercimek
- ⅓ su bardağı Pişmiş bezelye
- 1 Rendelenmiş Havuç
- 1 yemek kaşığı Doğranmış Taze Maydanoz
- 1 çay kaşığı Tamari
- 2 su bardağı panko
- ¼ su bardağı Un
- 1 Çırpılmış Yumurta

Talimatlar

a) Soğanı yumuşayana kadar soteleyin Un hariç tüm malzemeleri karıştırın ve soğumaya bırakın Karışımı köfteler haline getirin ve tavada kızartın.

b) Yeşil Mercimeklerin kuru halde pişmesi yaklaşık bir saat sürer, ancak iyi donarlar, bu yüzden aynı anda büyük bir demet yapın.

45. Hızlı sebze köftesi

Verim: 4 porsiyon

Bileşen

- 10 ons Sebzeler, karışık, dondurulmuş
- 1 Yumurta beyazı
- tutam tuz ve karabiber
- ½ su bardağı Mantar, taze; doğranmış
- ½ su bardağı panko
- 1 orta boy Soğan; dilimlenmiş

Talimatlar

a) Fırını 350 dereceye kadar önceden ısıtın.

b) Sebzeleri yumuşayana kadar buharda pişirin

c) Soğuması için kenara alın.

d) Buğulanmış sebzeleri ince doğrayın ve yumurta akı, tuz, karabiber, mantar ve panko ile karıştırın.

e) Karışımı köfteler haline getirin.

f) Üzeri soğan dilimleri olan köfteleri hafif yağlanmış bir fırın tepsisine koyun ve bir kez çevirerek, her iki tarafı da kızarana ve çıtır çıtır olana kadar, yaklaşık 45 dakika pişirin.

46. TexMex sebzeli köfte

Bileşen

- 15¼ ons Konserve bütün çekirdek mısır
- ½ su bardağı sıvı rezerve
- ½ su bardağı Mısır unu
- ½ su bardağı Soğan; ince doğranmış
- ⅓ su bardağı kırmızı dolmalık biber; ince doğranmış
- ½ çay kaşığı limon kabuğu rendesi; rendelenmiş
- ¼ su bardağı pişmiş beyaz pirinç
- 3 yemek kaşığı Taze kişniş; doğranmış
- 4 çay kaşığı Jalapeno şili biberi
- ½ çay kaşığı öğütülmüş kimyon
- 4 Yağsız un ekmeği; 9-10 inç
- 8 yemek kaşığı Hafif ekşi krema
- 8 yemek kaşığı Satın alınan salsa

Talimatlar

a) Nemli topaklar oluşana kadar işlemcide ½ fincan mısır taneleri ve 1 yemek kaşığı mısır unu karıştırın. ¾ fincan mısır taneleri ekleyin; işlem 10 saniye

b) Mısır karışımını ağır orta yapışmaz tencereye aktarın. ½ su bardağı mısır sıvısı, soğan, dolmalık biber ve limon kabuğunu ekleyin. Örtün ve kalın ve sert olana kadar çok düşük ateşte pişirin, sık sık karıştırın, 12 dakika. Pirinç, kişniş, jalapeno, tuz ve kimyonla karıştırın. 4 parça folyonun her birine karışımın $\frac{1}{4}$'ünü bırakın; parçaları $\frac{3}{4}$ inç kalınlığında köftelere bastırın.

c) Barbekü hazırlayın. Yapışmaz sprey ile burgerlerin her iki tarafına da püskürtün; Her tarafta yaklaşık 5 dakika gevrek olana kadar ızgara yapın. Ekmeği bükülene kadar ızgara yapın, her tarafta yaklaşık 30 saniye

47.   sebzeli fasulye köftesi

Verim: 4 porsiyon

Bileşen

- 2 ons Pişmiş karışık fasulye
- 1 küçük soğan; ince doğranmış
- 1 Havuç; İnce rendelenmiş
- 1 çay kaşığı sebze özü
- 1 çay kaşığı Kuru karışık otlar
- 1 ons Bütün yemek panko

Talimatlar

a) Tüm malzemeleri neredeyse pürüzsüz olana kadar bir mutfak robotu veya karıştırıcıda karıştırın.

b) 4 kalın hamburger şekli verin ve iyice soğutun.

c) Yağ ile fırçalayın ve bir veya iki kez çevirerek yaklaşık 15 dakika ızgara veya barbekü yapın.

d) Zevkle, salata ve büyük tıknaz patates kızartması ile susamlı baplarda servis yapın!

48. sebzeli yulaflı burgerler

Verim: 1 Porsiyon

Bileşen

- 4 su bardağı Su
- ½ su bardağı Tuzu azaltılmış soya sosu
- ½ su bardağı Beslenme mayası
- 1 büyük soğan küp doğranmış
- ½ yemek kaşığı Sarımsak tozu
- 1 yemek kaşığı Her Kekik ve Fesleğen
- 4½ fincan Eski moda yulaf ezmesi

Talimatlar

a) Yulaf hariç tüm malzemeleri kaynatın. Isıyı düşük seviyeye getirin ve 4½ bardak yuvarlanmış yulafta karıştırın. Yaklaşık 5 dakika suyunu çekene kadar pişirin.

b) Karışımla dikdörtgen yapışmaz bir fırın tepsisine doldurun

c) 350 F'de 25 dakika pişirin. Ardından, dev burgeri 3½" ila 4" (10 cm.) kare burgerler halinde kesmek ve ters çevirmek için tavanızı çizmeyecek bir alet kullanın. 20 dakika daha pişirin.

d) Çörekler halinde veya ana yemek olarak sıcak veya soğuk servis yapın. dondurulabilir

49. cevizli ve sebzeli köfte

Bileşen

- ½ kırmızı soğan
- 1 kaburga kereviz
- 1 havuç
- ½ kırmızı dolmalık biber
- 1 su bardağı Ceviz, kızarmış, öğütülmüş
- ½ su bardağı panko
- ½ fincan orzo makarna
- 2 yumurta
- Tuz ve biber
- çörekler
- avokado dilimleri
- Vegan İsviçre peyniri dilimleri
- Kırmızı soğan dilimleri
- kedi yemeği
- Hardal

Talimatlar

a) Soğan kerevizi, havuç ve kırmızı dolmalık biberi 1 t yağda yumuşayana kadar soteleyin.

b) İstenirse örtün. İstenirse sarımsak eklenebilir. Fındık, kırıntı ve pirinç ekleyin. Köfte haline getirin. 1t yağda altın rengi olana kadar kızartın. Topuzun üzerine yerleştirin ve birleştirin.

50. Yabani mantar köftesi

Bileşen

- 2 çay kaşığı Zeytinyağı
- 1 orta boy Sarı soğan; ince kıyılmış
- 2 Arpacık; soyulmuş ve kıyılmış
- $\frac{1}{8}$ çay kaşığı Tuz
- 1 su bardağı kuru shiitake mantarı
- 2 su bardağı Portobello mantarı
- 1 paket Tofu
- ⅓ su bardağı kavrulmuş buğday tohumu
- ⅓ fincan panko
- 2 yemek kaşığı Lite soya sosu
- 2 yemek kaşığı Worcestershire sosu
- 1 çay kaşığı Sıvı duman aroması
- $\frac{1}{2}$ çay kaşığı Granül sarımsak
- $\frac{3}{4}$ fincan Hızlı pişirme yulaf

Talimatlar

a) Soğan, arpacık soğanı ve tuzu zeytinyağında yaklaşık 5 dakika soteleyin. Kök yumuşatılmış shiitake mantarları; bir mutfak robotunda taze mantarlarla kıyın. Soğanlara ekleyin. Yapışmayı önlemek için ara sıra karıştırarak 10 dakika pişirin.

b) Mantarları tofu püresi ile karıştırın, kalan malzemeleri ekleyin ve iyice karıştırın. Yapışmayı önlemek ve köfte şekli vermek için ıslak eller.

c) 15 dakika sonra bir kez çevirerek 25 dakika pişirin.

51. Harika sebzeli köfteler

Verim: 4 Porsiyon

Bileşen

- 1 kiloluk sert tofu; boşaltılmış
- 1½ su bardağı çiğ yulaf ezmesi
- ½ su bardağı rendelenmiş havuç
- 1 Doğranmış sote soğan
- 1 yemek kaşığı Tahin; Az çok
- 2 yemek kaşığı Worcestershire sosu
- 1 yemek kaşığı Soya sosu

Talimatlar

a) Tercih ettiğiniz baharat/otlardan oluşan bir karışım ekleyin ve fırın tepsisine köfteler yapın. 350 derecede 20 dakika pişirin, ters çevirin ve 10 dakika daha pişirin.

b) Onlar harika sıcak veya soğuk. Baharatlı hale getirmek için tatlandırıcılar ekliyoruz.

52. Mercimek köftesi

Verim: 8 porsiyon

Bileşen

- ¾ su bardağı Mercimek
- 1 tatlı patates
- 10 Taze ıspanak yaprağı; 15'e kadar
- 1 su bardağı taze mantar
- ¾ fincan panko
- 1 çay kaşığı Tarhun
- 1 çay kaşığı Sarımsak tozu
- 1 çay kaşığı Maydanoz gevreği
- ¾ su bardağı Uzun taneli pirinç

Talimatlar

a) Kendi eklemelerimden birkaçı ile Vegetarian Times Mag Aug 93 sayısından alınmış çok kolay ve lezzetli bir vejetaryen burger.

b) Pişene ve hafifçe yapışkan olana kadar pirinci ve yumuşayana kadar pişirin. Hafifçe soğutun. Soyulmuş orta boy bir tatlı patatesi ince ince kıyın ve yumuşayana kadar pişirin. Hafifçe soğutun.

c) Mantarları ince ince doğrayın. Ispanak yaprakları yıkanmalı ve ince kıyılmalıdır. Tüm malzemeleri ve baharatları karıştırın, tadına tuz ve karabiber ekleyin.

d) Buzdolabında 15-30 dk soğutun. Köfte haline getirin ve tavada soteleyin veya açık hava ızgarasında sebze ızgarasında yapılabilir.

53. Fasulye ve mısır köftesi

Bileşen

- 1 su bardağı Su
- 1½ su bardağı Çok amaçlı un
- 1 çay kaşığı Tuz
- 2 yemek kaşığı Zeytinyağı
- 3 yemek kaşığı Şeker
- 2 çay kaşığı Kızıl Yıldız Mayası
- 2 su bardağı pişmiş siyah fasulye; boşaltılmış
- 2 su bardağı Mısır taneleri; boşaltılmış
- 2 su bardağı pişmiş esmer pirinç
- ½ adet Büyük dolmalık biber; doğranmış
- 2 çay kaşığı öğütülmüş kimyon
- 1 çay kaşığı biber tozu
- 1 çay kaşığı Tuz; isteğe bağlı
- ½ su bardağı Salsa veya picante sos

Talimatlar

a) Hamur malzemelerini tavaya koyun ve Hamur ayarını seçin ve başlayın.

b) Bu arada, büyük bir kapta, dolgu malzemelerini birleştirin.

c) Hamuru yavaşça 12 inçlik bir ipe yuvarlayın veya gerin. Keskin bir bıçakla bölün, hamuru 12 parçaya bölün. Bir oklava ile her parçayı 6 inçlik bir daireye yuvarlayın. $\frac{1}{2}$ fincan dolgu karışımını her dairenin ortasına yerleştirin. Kenarları ortada birleşecek şekilde yukarı çekin ve hamuru mühürlemek için iyice sıkıştırın.

d) 15 ila 20 dakika kahverengi olana kadar pişirin. Fırından çıkarın.

54. Siyah Fasulye Izgaraları

Bileşen

- 1 su bardağı (100 gr) TVP granülleri
- 1 su bardağı (235 ml) su
- 1 yemek kaşığı (15 ml) soya sosu
- 1 kutu (15 ons veya 425 g) siyah fasulye
- $\frac{1}{2}$ su bardağı (72 gr) hayati buğday gluteni unu
- $\frac{1}{4}$ fincan (60 ml) barbekü sosu
- 1 yemek kaşığı (15 ml) sıvı duman
- $\frac{1}{2}$ çay kaşığı kara biber
- 2 yemek kaşığı (32 gr) fıstık ezmesi

Talimatlar

a) TVP'yi su ve soya sosuyla mikrodalgaya dayanıklı bir kapta karıştırarak, plastik sargıyla sıkıca kaplayarak ve 5 dakika yüksek sıcaklıkta mikrodalgada tutarak sulandırın. Alternatif olarak, TVP ve soya sosunun üzerine kaynar su dökebilir, ardından üzerini örtüp 10 dakika bekletin.

b) İşlenecek kadar soğuyunca, sulandırılmış TVP'ye fasulye, buğday glüteni, $\frac{1}{4}$ fincan (60 ml) barbekü sosu, sıvı duman, biber ve fıstık ezmesi ekleyin. Üniforma olana ve fasulyelerin çoğu ezilene kadar elinizle ezin.

c) 6 köfte haline getirin.

d) Bu bebekleri barbeküde ızgara yapın, her iki tarafta yaklaşık 5 dakika ilave barbekü sosuyla fırçalayın. Alternatif olarak, bunlar biraz yağda tavada kızartılabilir, ardından ilave barbekü sosu ile doldurulabilir.

55.   Vegan domuz pastırması köftesi

Bileşen

- 1 su bardağı (100 gr) TVP granülleri
- 2 yemek kaşığı (30 ml) biftek sosu
- 1 yemek kaşığı (15 ml) sıvı duman
- ¼ su bardağı (60 ml) kanola yağı
- 1/3 su bardağı (85 gr) fıstık ezmesi
- ½ su bardağı (72 gr) hayati buğday gluteni unu
- ½ su bardağı (50 g) taklit pastırma parçaları
- ¼ su bardağı (30 gr) besin mayası
- 1 yemek kaşığı (7 gr) kırmızı biber
- 1 yemek kaşığı (6 gr) sarımsak tozu
- 1 çay kaşığı öğütülmüş karabiber

Talimatlar

a) TVP'yi, su, biftek sosu ve sıvı dumanı mikrodalgaya dayanıklı bir kapta karıştırarak, plastik sargıyla sıkıca kapatarak ve 5 dakika yüksek sıcaklıkta mikrodalgada tutarak veya alternatif olarak TVP'nin üzerine kaynar su, biftek sosu dökerek yeniden oluşturun. ve sıvı duman, ardından örtün ve 10 dakika bekletin.

b) Yağ ve fıstık ezmesini TVP karışımına ekleyin. Bir karıştırma kabında buğday gluteni, pastırma parçaları, maya, kırmızı biber, sarımsak tozu ve karabiberi karıştırın.

c) TVP karışımını un karışımına ekleyin ve iyice karışana kadar yoğurun. Örtün ve 20 dakika bekletin.

d) 4 ila 6 köfteye şekil verin ve istediğiniz gibi hazırlayın. Izgara yapıyorsanız, her iki tarafta 5 ila 7 dakika ızgara yapın.

56.   arpa yulaf köftesi

Verim: 6 Porsiyon

Bileşen

- 1 su bardağı konserve tereyağlı fasulye
- ¾ su bardağı Bulgur; pişmiş
- ¾ su bardağı Arpa; pişmiş
- ½ fincan Hızlı yulaf ezmesi; pişmemiş
- 1½ yemek kaşığı Soya sosu
- 2 yemek kaşığı Barbekü sosu
- 1 çay kaşığı Kuru fesleğen
- ½ su bardağı Soğan; ince doğranmış
- 1 diş sarımsak; ince kıyılmış
- 1 sap kereviz; doğranmış
- 1 çay kaşığı Tuz
- zevkinize biber

Talimatlar

a) Bir çatal veya patates ezici ile fasulyeleri hafifçe ezin. Püre değil, tıknaz olmalılar. Kalan malzemeleri de ekleyip 6 köfte yapın.

b) Tavaya yağ ve kahverengi köfteleri her iki taraftan püskürtün.

57. Tempeh köftesi

4 hamburger yapar

Bileşen

- 1/2 inçlik zarlara kesilmiş 8 ons tempeh
- ¾ su bardağı doğranmış soğan
- 2 diş sarımsak, doğranmış
- ½ su bardağı kıyılmış ceviz
- 1/2 fincan eski moda veya çabuk pişen yulaf
- 1 yemek kaşığı kıyılmış taze maydanoz
- 1/2 çay kaşığı kuru kekik
- 1/2 çay kaşığı kuru kekik
- 1/2 çay kaşığı tuz
- 1/4 çay kaşığı taze çekilmiş karabiber
- 3 yemek kaşığı zeytinyağı
- Dijon hardalı
- 4 tam tahıllı burger rulosu
- Dilimlenmiş kırmızı soğan, domates, marul ve avokado

Talimatlar

a) Orta boy bir tencerede kaynayan su içinde tempeyi 30 dakika pişirin. Süzün ve soğuması için kenara alın.

b) Bir mutfak robotunda, soğan ve sarımsağı birleştirin ve kıyılıncaya kadar işleyin. Soğutulmuş tempeh, ceviz, yulaf, maydanoz, kekik, kekik, tuz ve karabiber ekleyin. İyice karışana kadar işleyin. Karışıma 4 eşit köfte şekli verin.

c) Büyük bir tavada, yağı orta ateşte ısıtın. Burgerleri ekleyin ve iyice pişene ve her iki tarafı da kızarana kadar, her iki tarafta yaklaşık 7 dakika pişirin.

d) Ruloların her bir yarısına istediğiniz miktarda hardal sürün ve her ruloyu istediğiniz gibi marul, domates, kırmızı soğan ve avokado ile kaplayın. Hemen servis yapın.

SARGILAR VE RULOLAR

58. Ekmeksiz Türkiye Kulübü

İçindekiler

- 5-6 adet marul yaprağı
- 4 adet hindi öğle yemeği eti
- 3 şerit pişmiş pastırma
- 1/4 avokado
- 3 dilim domates
- İsteğe bağlı: en sevdiğiniz sandviç yayılımından birkaç çay kaşığı

Talimatlar

a) Büyük bir tabağa veya kesme tahtasına bir parça parşömen kağıdı koyun

b) Marulu yıkayıp kurulayın

c) Sonra her marul parçasının saplarını kesin - bu adımı atlayabilirsiniz, ancak saplar olmadan daha kolay yuvarlandığını düşünüyorum.

d) 10 " x 8 " marul dikdörtgeni oluşturana kadar marulu parşömen üzerine üst üste gelecek şekilde yerleştirin.

e) Ardından tercih ettiğiniz sandviç ekmeğin üzerine gezdirin - Ben genellikle ahır kullanırım

f) Öğle yemeği eti, ardından domuz pastırması, ardından domates ve son olarak avokado ile başlayarak dolgularınızı katmanlayın.

g) Yuvarlarken uçlarını katlayarak sandviçi sıkı bir tüp haline getirmeye yardımcı olması için parşömen kullanın.

h) Sandviçi ikiye bölün ve yemek yerken parşömeni katlayın!

59. Quinoa ve Tatlı Patates ile Collard Dürüm

SERVİS 4

İçindekiler

- 1 orta boy (250 gr) tatlı patates
- 2 çay kaşığı öğütülmüş kimyon bölünmüş
- 2 yemek kaşığı zeytinyağı bölünmüş
- tuz ve biber
- ⅔ su bardağı kinoa veya 2 su bardağı pişmiş
- 1 15 oz. (400g) siyah fasulye süzülüp durulanabilir
- 3 yemek kaşığı tahin
- 1 limon kabuğu rendesi ve suyu
- 1 kırmızı dolmalık biber
- 8 büyük karalahana yaprağı

Talimatlar

a) Fırını 375 °F/190 C'ye önceden ısıtın.

b) Tatlı patatesi ½" dilimler halinde dilimleyin, ardından her dilimi ½" şeritler halinde kesin. 1 yemek kaşığı yağ, 1 çay kaşığı kimyon, tuz ve karabiber ile karıştırın.

c) Bir fırın tepsisine tek bir tabaka halinde yayın ve 15 dakika veya pişene kadar pişirin.

d) Kinoayı paket talimatlarına göre pişirin. Süzün, soğuk su altında durulayın ve fasulye, tahin, limon kabuğu rendesi ve suyu ve kalan yağ ve kimyonla birlikte bir karıştırma kabına ekleyin. Birleştirmek için atın.

e) Büyük bir tencereye su koyup kaynatın. Büyük bir kase buzlu su hazırlayın.

f) Yaprakları iyice yıkayın, ardından her yaprağı tabanın geniş kısmı boyunca kesin. Bıçağı yaprağa düz tutun, ardından gövdenin soğanlı kısmını düz bir şekilde kesmek için yavaşça aşağı doğru çalıştırın.

g) Hazırlanan yaprakları kaynayan suda 15 saniye kadar bekletin, ardından çıkarın ve soğuyuncaya kadar buzlu suyun içine atın. Boşaltmak.

h) Dolmalık biberi $\frac{1}{2}$ inçlik şeritler halinde dilimleyin.

i) Hazırlanmış bir yaprağı tezgahın üzerine koyun ve ortası boyunca 2-3 yemek kaşığı kinoa karışımını ekleyin. Biber ve tatlı patatesten birkaç parça ekleyin.

j) İki zıt kenarı dolgunun ortasına katlayın, ardından üçüncü tarafı katlayın. Küçük bir sargı paketi oluşturmak için son kenara doğru yuvarlayın, kapalı tutmak için dikişi altta tutun. Kalan yapraklar ve dolgular ile tekrarlayın.

60.   N' Out Burger'de taklitçi

İçindekiler

Burgerler:

- 1 lb. Kıyma (80/20 tercih edilir)
- Tuz ve biber
- 4 dilim, Sarı Amerikan Peyniri
- Sos Malzemeler:
- 1/3 fincan Mayo (Kişisel olarak avokado mayonezini severim)
- 1 Yemek Kaşığı Şekersiz Ketçap veya altı 1 Çay Kaşığı Organik Domates Salçası
- 1 Çay Kaşığı Hardal
- 2 Yemek Kaşığı Küp doğranmış Turşu
- 1-2 çay kaşığı Turşu Suyu
- 1/2 çay kaşığı tuz
- 1/2 Çay Kaşığı Pulbiber
- 1/2 çay kaşığı Sarımsak Tozu

Malzemeler:

- Buzdağı Marul "çörekler"
- dilimlenmiş domates

turşu

- 1/2 Sarı Soğan, ince dilimlenmiş (geleneksel N' Out'ta soğanları da karamelize eder)
- Opsiyonel - Akıllı Çörekler

Talimatlar

a) Sosu hazırlayarak başlayın. Küçük bir kapta mayonez, şekersiz ketçap, 1 çay kaşığı hardal, doğranmış turşu, turşu suyu ve baharatları birleştirin. Karıştırın ve tadı test edin. Tatlar zamanla birbirine daha iyi karışır, bu yüzden ayarlamaktan çekinmeyin.

b) Hamburger köftelerini hazırlamak için 2 oz ölçün. köfte başına et ve bir köfte haline getirin. Toplam 10 köfteniz olacak şekilde tekrarlayın. Üstlerini deniz tuzu ve kırık karabiber ile tatlandırın.

c) Dökme demirinizi/ızgaranızı yüksek ateşte önceden ısıtın. Gerekirse tavaya biraz yağ ekleyin. Kalbur veya tavaya iki köfte koyun, geniş bir spatula kullanın ve aşağı doğru bastırın. Burgerleri mümkün olduğunca düz bir şekilde ezmeme ve parçalamama yardımcı olması için bir patates ezici kullanmayı seviyorum. Çevirmeden önce üst kısmı (isteğe bağlı) hardalla yağlayın. Çabuk çalışın. Kenarlar kahverengi göründüğünde, çevirin. Bir hamburger köftesinin üzerine bir parça Amerikan peyniri koyun ve ikinci köfteyi üzerine koyun.

d) Birleştirmek için bir alt marulla başlayın, dilim soğanı, çift katlı burger köftesi, domates, turşu ve sosu ekleyin.

e) İkinci marul çöreği ile örtün ve kazın!

61. Havuç ve Ispanak Sarması

İçindekiler

- 1 un tortilla
- 2 tepeleme yemek kaşığı humus
- bir avuç taze ıspanak
- 1 orta boy havuç
- 2 yemek kaşığı tuzlanmış kaju

Talimatlar

a) Havucunuzu soyun, ardından kaba rendeleyin.

b) Kajuları kabaca doğrayın.

c) Tortillanızı humusla yayın, ardından ıspanağı sarın ortasına koyun, rendelenmiş havuç ve fındıkla üstüne koyun.

d) Tortillanızı sarmak için yanlardan katlayın, tortillanın üst kısmını kendinize doğru yuvarlayın, dolgunun etrafına sıkıca sarın, ilerledikçe kenarlarını sıkıştırın.

e) Sargınızı ikiye bölün ve birkaç cips (cips) ve biraz elma dilimleri ile, biraz giyinmiş salata ile veya hareket halindeyseniz folyoya sarılı olarak servis yapın.

62. Vegan Akdeniz Dürümleri

İçindekiler

- 1 orta boy salatalık
- $\frac{1}{2}$ çay kaşığı (artı birkaç tutam) tuz
- 1 orta boy doğranmış domates
- $\frac{1}{4}$ kırmızı soğan doğranmış
- $\frac{1}{4}$ yeşil biber doğranmış
- 4 yemek kaşığı doğranmış Kalamata zeytini
- 1 kavanoz (540 gram / 19 oz..) nohut
- 200 gram (7 oz..) vegan yoğurt
- 2 yemek kaşığı doğranmış taze dereotu
- 1 diş sarımsak kıyılmış
- 1 yemek kaşığı limon suyu
- 2 su bardağı (112 gram) doğranmış marul
- 4 büyük tortilla

Talimatlar

a) Doğranmış salatalık, domates, kırmızı soğan, yeşil biber ve siyah zeytini birleştirin. Nohutları yıkayıp süzün ve bir kaseye alın. Onları elinizle veya çatalla ezin.

b) Bir kapta rendelenmiş salatalık, vegan yoğurt, dereotu, sarımsak, limon suyu ve bir tutam tuz ve karabiberi karıştırın. $\frac{1}{2}$ çay kaşığı tuz ve karabiber ile birlikte 3 yemek kaşığı tzatziki ekleyin. İyice karıştırın.

c) Bir avuç marul, ezilmiş nohut, karışık doğranmış sebzeler ve birkaç parça tzatziki ile dürüm yapın.

63. Nohut humus sarar

İçindekiler

- 1 ½ su bardağı nohut
- 2 ila 3 yemek kaşığı salamura
- 1 küçük diş sarımsak
- 2 yemek kaşığı tahin
- 1 yemek kaşığı limon suyu
- ¼ çay kaşığı tuz
- 1 ½ bardak siyah fasulye 15 ons
- 4 ila 6 tam buğday ekmeği
- 2 su bardağı pişmiş kahverengi pirinç
- 2 su bardağı doğranmış marul
- ½ su bardağı şalgam turşusu

Talimatlar

a) Nohut, nohut salamura, sarımsak, tahin, limon suyu ve tuzu bir mutfak robotunda birleştirin.

b) Siyah fasulye, sarımsak, tahin, limon suyu, kimyon ve tuzu bir mutfak robotunda birleştirin. Humus tamamen kremsi olana kadar ara sıra yanları kazımak için durun.

c) Ekmeği kuru bir tavada veya ızgara tavasında orta ateşte iki tarafını da ısıtın veya mikrodalgada yaklaşık 30 saniye ısıtın.

d) Isıtılmış ekmeği bir kaşık dolusu pirinç, nohut humusu, siyah fasulye humusu, marul ve şalgam turşusu ile doldurun. Her sargıyı bir börek gibi katlayın.

64. Bebek Pancar Sargıları

İçindekiler

- 1 un tortilla sarma
- 1 yemek kaşığı süt içermeyen pesto
- 15g/1 büyük avuç roka (roka)
- 6 dilim salatalık
- 4 kiraz domates, yarıya
- 1 yemek kaşığı dolusu tatlı mısır
- 3 bebek pancar

Talimatlar

a) Tortillayı pesto ile yayın, kenarlarında bir sınır bırakın. Bu, sızıntı olasılığı daha düşük olduğundan daha az dağınık hale getirir.

b) Sargının bir tarafında roka, salatalık ve domatesle doldurun, kenarda iyi bir boşluk bırakın.

c) Bebek pancarlarının fazla sirkesini alın, ikiye bölün ve tatlı mısırla birlikte sargıya ekleyin.

d) Sargının kenarlarını iç harcın üzerine biraz sarın, sargının üst kısmını kaldırın ve kendinize doğru yuvarlayın.

e) Ortadan ikiye kesip servis yapın.

65. vegan şarküteri

İçindekiler

- 1/3 su bardağı (55 gr) Konserve Nohut
- 2 Yemek Kaşığı Besin Mayası
- Baharat
- 1 Yemek Kaşığı Soya Sosu
- 1/4 su bardağı (65g) Domates Salçası
- 1/3 su bardağı (80ml) Sebze Suyu
- 1 çay kaşığı Dijon Hardal
- 1/8 çay kaşığı Sıvı Duman
- 1 su bardağı (150 gr) Hayati Buğday Gluteni
- turşu
- 6 Sarar
- Kıyılmış marul

Talimatlar

a) Nohut, besin mayası, baharatlar, soya sosu, domates salçası, kırmızı biber, sebze suyu, Dijon hardalı ve sıvı dumanı mutfak robotuna ekleyin ve iyice karışana kadar işleyin.

b) Hayati buğday glutenini ekleyin. Bir çalışma yüzeyinde düzleştirin ve büyük bir biftek şekline getirin. Buhar

c) Marine edip karıştırın ve seitan şeritlerinin üzerine dökün. Seitanı marine edip kızartın,

d) Bir pide ekmeğine biraz baharatlı humus sürün veya sarın. Kıyılmış marul ve dilimlenmiş salatalık ve domatesi bir sargıya ekleyin, birkaç seitan şeridi ekleyin ve bir parça vegan tzatziki ile bitirin.

66. Chipotle Tofu Gökkuşağı Sarar

İçindekiler

- 14 onsluk paket ekstra sıkı tofu
- 1/4 su bardağı tahin
- 1/4 su bardağı besin mayası
- 4 çay kaşığı sıvı amino
- 1 yemek kaşığı elma sirkesi
- 1/4-1/2 çay kaşığı tuz, tadı
- Humus Yayılması
- 2 yemek kaşığı doğranmış yeşil soğan
- 1 yemek kaşığı Dijon hardalı
- 2 su bardağı doğranmış marul
- 1 su bardağı doğranmış kırmızı lahana
- 1 su bardağı soyulmuş havuç şeritleri
- 1 su bardağı domates dilimleri, yarıya
- 1/2 su bardağı ince dilimlenmiş kırmızı soğan
- 1/2 su bardağı dilimlenmiş avokado

Talimatlar

a) Bir kapta tahin, maya, su, sıvı amino asitler, elma sirkesi, chipotle ve tuzu bir araya gelene kadar çırpın. Doğranmış tofu ekleyin.

b) Karışımı bir hava fritözü sepetine aktarın ve tek bir tabaka halinde yayın. 400F'de 20 dakika pişirin. Humus sosunu hazırlayın

c) Bir tortilla koyun ve ortasına humus sürün. Üstüne tofu'nun 1/4'ünü, ardından 1/2 su bardağı marul, 1/4 su bardağı lahana, 1/4 su bardağı havuç, 1/4 su bardağı domates dilimleri, kabaca 2 yemek kaşığı kırmızı soğan ve 2 yemek kaşığı avokado koyun.

67.   Kurutulmuş Portobello Fajita

4 fajita yapar

İçindekiler

- 2 yemek kaşığı zeytinyağı
- 3 büyük portobello mantarı kapağı, hafifçe durulanmış, hafifçe kurulanmış ve 1/4 inçlik şeritler halinde kesilmiş
- 1 serrano veya diğer sıcak şili, tohumlanmış ve kıyılmış (isteğe bağlı)
- 3 su bardağı taze bebek ıspanak
- 1/4 çay kaşığı öğütülmüş kimyon
- 1/4 çay kaşığı kuru kekik
- Tuz ve taze çekilmiş karabiber
- 4 (10 inç) un ekmeği, ısıtılmış
- 1 su bardağı domates salsa

Talimatlar

a) Büyük bir tavada, yağı orta-yüksek ateşte ısıtın. Kullanıyorsanız mantarları, soğanı ve şiliyi ekleyin ve ara sıra yaklaşık 5 dakika karıştırarak dışı kızarana ve hafifçe yumuşayana kadar pişirin.
b) Ispanağı ekleyin ve solana kadar 1 ila 2 dakika pişirin. Kimyon, kekik, tuz ve karabiber ile tatlandırın.
c) Fajitaları birleştirmek için bir çalışma yüzeyine 1 tortilla koyun. Mantar karışımının dörtte biri ile yayın. Üzerine ¼ bardak salsa koyun ve sıkıca sarın. Kalan malzemelerle tekrarlayın. Hemen servis yapın.

68.   Bira Marine Seitan Fajita

4 fajita yapar

İçindekiler

- ½ su bardağı doğranmış kırmızı soğan
- 1 diş sarımsak, kıyılmış
- ½ bardak bira
- 2 çay kaşığı taze limon suyu
- 1 yemek kaşığı doğranmış taze kişniş
- ¼ çay kaşığı öğütülmüş kırmızı biber
- ½ çay kaşığı tuz
- 8 ons seitan
- 2 yemek kaşığı zeytinyağı
- 1 olgun Hass avokado
- 4 (10 inç) un ekmeği, ısıtılmış
- ½ su bardağı domates salsa

Talimatlar

a) Sığ bir kapta soğan, sarımsak, bira, limon suyu, kişniş, ezilmiş kırmızı biber ve tuzu birleştirin. Seitan ekleyin ve buzdolabında 4 saat veya gece boyunca marine edin.

b) Turşuyu ayırarak seitan'ı turşudan çıkarın. Büyük bir tavada, yağı orta ateşte ısıtın. Seitan ekleyin ve her iki tarafta kızarana kadar yaklaşık 10 dakika pişirin. Ayrılmış turşuyu ekleyin ve sıvının çoğu buharlaşana kadar pişirin.

c) Avokadoyu çukurlaştırın, soyun ve 1/2 inçlik dilimler halinde kesin. Fajitaları bir araya getirmek için 1 tortillayı tepsiye yerleştirin.

d) seitan şeritleri, salsa ve avokado dilimlerinin dörtte biri ile çalışma yüzeyi ve üst. Sıkıca sarın ve kalan malzemelerle tekrarlayın. Hemen servis yapın.

69. Seitan Tacoları

4 taco yapar

İçindekiler

- 2 yemek kaşığı zeytinyağı
- 12 ons seitan
- 2 yemek kaşığı soya sosu
- 1½ çay kaşığı pul biber
- ¼ çay kaşığı öğütülmüş kimyon
- ¼ çay kaşığı sarımsak tozu
- 12 (6 inç) yumuşak mısır ekmeği
- 1 olgun Hass avokado
- Rendelenmiş marul
- 1 su bardağı domates salsa

Talimatlar

a) Büyük bir tavada, yağı orta ateşte ısıtın. Seitan ekleyin ve kızarana kadar yaklaşık 10 dakika pişirin. Soya sosu, biber tozu, kimyon ve sarımsak tozu serpin ve kaplamak için karıştırın. Ateşten alın.

b) Fırını 225 ° F'ye önceden ısıtın. Orta boy bir tavada tortillaları orta ateşte ısıtın ve ısıya dayanıklı bir tabağa koyun. Folyo ile örtün ve yumuşak ve sıcak tutmak için fırına koyun.

c) Avokadoyu delin ve soyun ve 1/4 inçlik dilimler halinde kesin. Taco dolgusunu, avokadoyu ve marulu bir tabağa koyun ve ısıtılmış ekmeği, salsa ve herhangi bir ek baharatla birlikte servis yapın.oppalar.

70. Kızarmış Fasulye ve Salsa Quesadillas

4 quesadilla yapar

İçindekiler

- 1 yemek kaşığı kanola veya üzüm çekirdeği yağı, ayrıca kızartmak için daha fazlası
- 1½ fincan pişmiş veya 1 (15,5 ons) barbunya fasulyesi, süzülmüş ve ezilmiş
- 1 çay kaşığı pul biber
- 4 (10 inç) un ekmeği
- 1 su bardağı domates salsa

a) Orta boy bir tencerede, yağı orta ateşte ısıtın. Fasulye püresini ve biber tozunu ekleyin ve sıcak olana kadar yaklaşık 5 dakika karıştırarak pişirin. Kenara koyun.

b) Birleştirmek için, bir çalışma yüzeyine 1 tortilla koyun ve üzerine yaklaşık 1/4 fincan fasulye koyun.

c) alt yarısı. Kullanıyorsanız, fasulyeleri salsa ve soğanla doldurun. Tortilla'nın üst yarısını dolgunun üzerine katlayın ve hafifçe bastırın.

d) Büyük bir tavada, orta ateşte ince bir yağ tabakasını ısıtın. Katlanmış quesadillaları birer birer sıcak tavaya koyun ve sıcak olana kadar ısıtın, bir kez çevirerek, her tarafta yaklaşık 1 dakika.

e) Quesadillaları 3 veya 4 parçaya bölün ve tabaklara yerleştirin. Hemen servis yapın.

71. Ispanak, Mantar ve Siyah Fasulye Quesadillas

4 quesadilla yapar

İçindekiler

- 1 1/2 su bardağı pişmiş veya 1 (15,5 ons) siyah fasulye konservesi, süzülmüş ve durulanmış
- 1 yemek kaşığı zeytinyağı
- 1/2 su bardağı kıyılmış kırmızı soğan
- 2 diş sarımsak, kıyılmış
- 2 su bardağı dilimlenmiş beyaz mantar
- 4 su bardağı taze bebek ıspanak
- Tuz ve taze çekilmiş karabiber
- 4 (10 inç) un ekmeği
- Kızartmak için kanola veya üzüm çekirdeği yağı

Talimatlar

a) Siyah fasulyeleri orta boy bir kaba koyun ve kabaca ezin. Kenara koyun.

b) Küçük bir tavada zeytinyağını orta ateşte ısıtın. Soğanı ve sarımsağı ekleyin ve örtün ve yumuşayana kadar yaklaşık 5 dakika pişirin. Mantarları ilave edip kapağı kapalı olarak yumuşayana kadar pişirin. Ispanağı ekleyin, tuz ve karabiberle tatlandırın ve ıspanak soluncaya kadar yaklaşık 3 dakika karıştırarak pişirin.

c) Ezilmiş siyah fasulyeleri ilave edin ve sıvı emilene kadar karıştırmaya devam edin.

d) Quesadillaları bir araya getirmek için, bir çalışma yüzeyine her seferinde 1 tortilla koyun ve tortilla'nın alt yarısına yaklaşık dörtte birlik karışım koyun. Ekmeğin üst yarısını dolgunun üzerine katlayın ve hafifçe bastırın.

e) Büyük bir tavada, orta ateşte ince bir yağ tabakasını ısıtın. Katlanmış quesadilla'ları birer birer 1 veya 2'yi sıcak tavaya yerleştirin ve sıcak olana kadar orta ateşte ısıtın, bir kez çevirerek, her tarafta yaklaşık 1 dakika.

f) Quesadillaları 3'er veya 4'er parçaya bölün ve tabaklara yerleştirin. Hemen servis yapın.

72. Siyah Fasulye ve Mısır Burritoları

4 burrito yapar

İçindekiler

- 1 yemek kaşığı zeytinyağı
- 1/2 su bardağı doğranmış soğan
- 11/2 su bardağı pişmiş veya 1 (15,5 ons) siyah fasulye konservesi, süzülmüş ve durulanmış
- 1/2 su bardağı domates salsa
- 4 (10 inç) un ekmeği, ısıtılmış

Talimatlar

a) Bir tencerede, yağı orta ateşte ısıtın. Soğanı ekleyin, örtün ve yumuşayana kadar yaklaşık 5 dakika pişirin. Fasulyeleri ekleyin ve parçalanana kadar ezin.

b) Birleştirmek için karıştırarak mısır ve salsa ekleyin. Fasulye karışımı sıcak olana kadar yaklaşık 5 dakika karıştırarak pişirin.

c) Burritoları birleştirmek için, bir çalışma yüzeyine 1 tortilla koyun ve yaklaşık 1/2 bardak dolguyu kaşıklayın.

d) ortadaki karışım. Sıkıca sarın, yanlardan sıkıştırın. Kalan malzemelerle tekrarlayın. Dikiş tarafı alta gelecek şekilde servis yapın.

73. Kırmızı Fasulye Burritoları

4 burrito yapar

İçindekiler

- 1 yemek kaşığı zeytinyağı
- 1 orta boy soğan, doğranmış
- 1 orta boy kırmızı dolmalık biber, doğranmış
- 1½ su bardağı pişmiş veya 1 kutu koyu kırmızı barbunya fasulyesi, süzülmüş ve durulanmış
- 1 su bardağı domates salsa
- 4 (10 inç) un ekmeği, ısıtılmış
- 1 su bardağı sıcak pişmiş pirinç
- 1 olgun Hass avokado, çekirdeksiz, soyulmuş ve ¼ inçlik dilimler halinde kesilmiş

Talimatlar

a) Orta boy bir tencerede, yağı orta ateşte ısıtın. Soğanı ve dolmalık biberi ekleyin, örtün ve yumuşayana kadar yaklaşık 5 dakika pişirin. Fasulye ve salsa ekleyin ve birleştirmek için karıştırarak pişirin. Fasulyeleri karıştırırken sıcak olana kadar ezin.

b) Burritoları birleştirmek için, bir çalışma yüzeyine 1 tortilla koyun ve yaklaşık 1/2 fincan fasulyeyi kaşıklayın.

c) ortadaki karışım. Üstüne pilav, ardından avokado dilimleri ve istenirse ekstra salsa koyun. Sıkıca sarın, yanlardan sıkıştırın. Kalan malzemelerle tekrarlayın. Dikiş tarafı alta gelecek şekilde servis yapın.

74. Jambon ve peynirli salatalık ruloları

İçindekiler

Avokado-humus yayılması

- 1 olgun avokado, çekirdeksiz
- 2 yemek kaşığı sade humus
- 1 diş sarımsak, preslenmiş
- 2 Çay kaşığı taze limon suyu
- kaşer tuzu ve taze karabiber, tatmak

Roll-up'lar

- 1-2 çekirdeksiz salatalık, uçları çıkarılmış
- 6-8 dilim Bal Şarküteri Jambon
- 6 dilim şarküteri provolon peyniri
- taze doğranmış kişniş
- taze bebek ıspanak yaprakları

Talimatlar

Avokado-humus yayılması

a) Küçük bir kapta avokado etini çatalla ezin. Avokadoya humus, sarımsak ve limon suyu ekleyin. Tuz ve karabiber ile tatlandırın. İyice karışana kadar karıştırın.

Roll-up'lar

b) Bir mandolin dilimleyici ile salatalıkları ince şeritler halinde dilimleyin. Bir orta boy salatalıktan yaklaşık 10 şerit alabildim. İlk birkaç şerit kullanmak için çok küçüktü, ben de onları salata için fırlattım. Salatalığın boyutuna bağlı olarak biraz daha az veya daha fazla şerit olabilir.

c) 5 salatalık şeridini, kesme tahtası gibi kağıt kaplı düz bir yüzeye yan yana koyun ve temiz bir kağıt havlu kullanarak üstteki nemin bir kısmını alın.

d) 2-3 yemek kaşığı avokado-humus'u dilimlerin üzerine eşit şekilde yayın. Ardından 3-4 dilim jambon, 3 dilim provolon peyniri, hafif kat kişniş yaprağı ve hafif kat bebek ıspanak ekleyin.

e) Bir ucundan başlayarak, tüm salatalık dilimlerini uzun bir "suşi" rulosuna sıkıca sarın.

f) Keskin bir bıçak kullanarak ruloyu ayrı porsiyonlar halinde kesin. Bir kürdan ile sabitleyin ve servis tabağına alın. Kalan salatalık şeritleri ile tekrarlayın.

g) Bunlar aynı gün servis edildiğinde en iyisidir. Bir salatalıktan yaklaşık 10 rulo alabildim.

75. Çıtır Salam Ruloları

12 yapar

İçindekiler

- 250 gr krem peynir
- 2 yemek kaşığı (23 gr) kapari, süzülmüş ve doğranmış
- 1 yemek kaşığı (5 gr) ince kıyılmış fesleğen
- 12 tur Macar salamı (276g)

Talimatlar:

a) Küçük bir kapta krem peynir, kapari ve fesleğeni karıştırın.

b) Közlenmiş biberle tatlandırın.

c) Salamı temiz bir yüzeye yayın ve her birine bir yemek kaşığı karışımdan yayın.

d) Kendi üzerinde yuvarlayın ve dikiş tarafı aşağı gelecek şekilde fritöz sepetine yerleştirin.

e) 180°C'de 7 dakika pişirin.

76. İtalyan Sığır Sarmalayıcıları

SERVİS 4

İçindekiler

- 1 Çay Kaşığı Zeytinyağı
- 1/2 su bardağı yeşil dolmalık biber, şeritler halinde kesilmiş
- 1/2 su bardağı soğan, şeritler halinde kesilmiş
- 1/2 pepperoncini, ince dilimlenmiş
- 1/2 Çay kaşığı İtalyan baharatı
- 8 dilim Deli İtalyan sığır eti, 1/8 "kalınlığında
- 8 Tel Peynir Çubuğu

Talimatlar

a) Orta boy bir tavada, yağı orta ateşte ısıtın. Zeytinyağı ve aşağıdaki dört malzemeyi bir karıştırma kabında birleştirin. 3-4 dakika veya gevrek yumuşayana kadar pişirin.

b) Karışımı bir tabağa alın ve soğuması için 15 dakika bekletin.

c) Nasıl Bir Araya Getirilir: Bir kesme tahtası üzerine dört dilim İtalyan bifteği koyun. Her et parçasının ortasına çapraz olarak 1 tel peynir çubuğu yerleştirin.

d) Üzerine biber ve soğan karışımının bir kısmını ekleyin. Sığır eti diliminin bir tarafını peynir ve sebze karışımının üzerine katlayın, ardından dikiş tarafı aşağı gelecek şekilde sarın.

e) Ruloları servis tabağına alın.

77.   İtalyan Pepperoni Roll-up'ları

Porsiyon 35

İçindekiler

- 5 10" un ekmeği
- 16 ons krem peynir yumuşatılmış
- 2 çay kaşığı kıyılmış sarımsak
- 1/2 bardak ekşi krema
- 1/2 su bardağı Parmesan peyniri
- 1/2 su bardağı rendelenmiş İtalyan peyniri veya mozzarella peyniri
- 2 çay kaşığı İtalyan baharatı
- 16 ons pepperoni dilimleri
- 3/4 su bardağı ince doğranmış sarı ve turuncu biber
- 1/2 su bardağı ince doğranmış taze mantar

Talimatlar

a) Karıştırma kabında krem peyniri pürüzsüz olana kadar çırpın. Sarımsak, ekşi krema, peynir ve İtalyan baharatını bir karıştırma kabında birleştirin. Her şey iyi karışana kadar karıştırın.

b) Karışımı 5 un ekmeği arasında eşit olarak yayın. Tüm tortillayı peynir karışımıyla kaplayın.

c) Peynir karışımının üzerine bir pepperoni tabakası yerleştirin.

d) Biberleri iri dilimlenmiş biber ve mantarlarla kaplayın.

e) Her tortillayı sıkıca sarın ve plastik sargıya sarın.

f) En az 2 saat buzdolabında bekletin.

78. Meze Tortilla Fırıldak

İçindekiler

- 1 paket (8 ons) krem peynir, yumuşatılmış
- 1 su bardağı rendelenmiş kaşar peyniri
- 1 su bardağı ekşi krema
- 1 kutu (4-1/4 ons) doğranmış olgun zeytin
- 1 kutu (4 ons) doğranmış yeşil biber, iyi süzülmüş
- 1/2 su bardağı doğranmış yeşil soğan
- Tatmak için sarımsak tozu
- Tatmak için baharatlı tuz
- 5 un ekmeği (10 inç)
- Salsa, isteğe bağlı

Talimatlar

a) Krem peynir, peynir ve ekşi kremayı karışana kadar çırpın. Zeytin, yeşil biber, yeşil soğan ve baharatları karıştırın.

b) Tortillaların üzerine yayın; sıkıca sarın. Kapatmak için her birini plastik, büküm uçları ile sarın; birkaç saat soğutun.

c) Paketi aç. 1/2- ila 3/4-inç olarak kesin. tırtıklı bir bıçak kullanarak dilimleyin. İstenirse, salsa ile servis yapın.

79. Çıtır vegan rulolar

Verim: 24 Porsiyon

İçindekiler

- 5 Havuç, pişmiş
- Tuz
- 1 sap kereviz; ince doğranmış ve pişmiş
- Fıstık veya bitkisel yağ
- Susam yağı
- 3 büyük Soğan; ince kıyılmış
- 2 Yeşil soğan; ince dilimlenmiş
- 3 kırmızı dolmalık biber; ince kıyılmış
- 20 Şitaki mantarı; ince kıyılmış
- 1 demet kişniş yaprağı; doğranmış
- 1 paket Yaylı rulo sarmalayıcılar; (11oz.)
- 1 yemek kaşığı Mısır nişastası

Talimatlar

a) Büyük ısıtılmış tavaya 2 çay kaşığı fıstık yağı ve 2 çay kaşığı susam yağı koyun. doğranmış soğanları, doğranmış yeşil soğanları ve dolmalık biberleri ekleyin. Mantarları atın ve 2 ila 3 dakika pişirin.

b) Havuç, kereviz ve kişniş ekleyin ve karıştırın. Tuz ve karabiber ile tatmak için mevsim

c) Pozisyon 1 sarıcı. Üst köşeye çırpılmış yumurta sürün. ⅓ fincan doldurma karışımını alt köşeden 2 inç olacak şekilde düzenleyin. Köşeyi karışımın üzerine sarın ve sıkmak için geri çekin.

d) İki taraftan katlayın ve sargının sonuna kadar yuvarlayın. Yağda kızartmak

80. Vegan doldurulmuş lahana ruloları

İçindekiler

- 1 büyük dondurulmuş lahana, çözülmüş
- 2 yemek kaşığı Yağ
- 1 Soğan, doğranmış
- 1 Sap kereviz, doğranmış
- 2 yemek kaşığı doğranmış yeşil biber
- 2 yemek kaşığı Un
- 1 46 oz. domates suyu olabilir
- 4 yemek kaşığı domates salçası
- $\frac{1}{2}$ bardak) şeker
- Dash Tuz, Paprika, Köri tozu
- 2 su bardağı Pişmiş pirinç
- 2 defne yaprağı
- 1 büyük elma, soyulmuş ve doğranmış
- $\frac{1}{4}$ fincan altın kuru üzüm

Talimatlar

a) Bir tavada yağı ısıtın ve soğan, kereviz ve yeşil biberi ekleyin. Baharatla karıştırın. Pirinçlere sebzeleri ekleyin ve iyice karıştırın. Kenara koyun.

b) Yağı ısıt. Unu karıştırın ve kahverengi olana kadar pişirin. Kalan sos malzemelerini ekleyin Lahana rulolarını teker teker sosun içine yerleştirerek dikkatlice ekleyin. 2 saat pişirin.

c) Yaprağın kenarına, tabanın yakınına bir çorba kaşığı dolgu koyun. Yaprağın tabanını dolgunun üzerine katlayın ve bir kez yuvarlayın. Düz kenarlar oluşturmak ve çevrelemek için kenarları merkeze doğru katlayın.

81. Vegan nori ruloları

Verim: 1 Porsiyon

İçindekiler

- ¼ fincan soya sosu
- 2 çay kaşığı Bal
- 1 çay kaşığı kıyılmış sarımsak
- 1 yemek kaşığı rendelenmiş zencefil kökü
- 1 pound Ekstra sert tofu veya tempeh
- 2 yemek kaşığı Pirinç sirkesi
- 1 yemek kaşığı Süper şeker
- 2 su bardağı Pişmiş kısa taneli kahverengi pirinç
- 2 Taze soğan kıyılmış, sadece beyaz kısım
- 2 yemek kaşığı kavrulmuş susam
- 5 yaprak nori
- 1 su bardağı ince rendelenmiş havuç
- 10 Taze ıspanak yaprağı, buğulanmış
- 1½ su bardağı yonca filizi

Talimatlar

a) Soya sosu, bal, sarımsak ve zencefili birleştirin. Tofu veya tempeh ekleyin; en az 30 dakika marine edin.

b) Pirinç sirkesi ve şekeri birleştirin. Pirinç ekleyin ve yeşil soğan ve susamla karıştırın; iyice karıştırın.

c) Mumlu kağıda bir yaprak nori yerleştirin. nori'nin merkezinde kaşık karışımı. Katlamak

82. Akdeniz Böreği

İçindekiler

Sarmalar için:

- 1¼ su bardağı (156 gr) çok amaçlı un
- ¼ çay kaşığı tuz
- ¼ çay kaşığı kabartma tozu
- ¼ çay kaşığı kabartma tozu
- ½ çay kaşığı sarımsak tozu
- ½ çay kaşığı kuru fesleğen
- ½ su bardağı (120ml) su
- 6 ons (168 g) ekstra sıkı tofu,
- ¼ su bardağı (40 gr) kurutulmuş domates
- 1 çay kaşığı sarımsak tozu
- 1 çay kaşığı soğan tozu
- 2 yemek kaşığı (15 gr) besin mayası
- ½ çay kaşığı kırmızı biber
- 1 yemek kaşığı (15 ml) sızma zeytinyağı

Talimatlar

a) Un, tuz, kabartma tozu, kabartma tozu, sarımsak tozu, soğan tozu, maydanoz ve fesleğeni karıştırın. Suyu ekleyin ve güzel bir elastik hamur topu oluşana kadar yoğurun. İyice unlanmış bir yüzeyde her parçayı düz bir şekilde yuvarlayın.

b) Tüm dolgu malzemelerini bir kapta birleştirin ve çok iyi birleşene kadar karıştırın. İç harcın bir kısmını bir sargının ortasına koyun ve küçük bir börek gibi sarın.

c) Fırın tepsisine yerleştirin. 15 ila 20 dakika pişirin.

83. Avokado Böreği

İçindekiler

- 12 büyük pirinç sigara böreği sarmalayıcısı
- 6 ons (168 g) bebek ıspanak yaprağı
- 1 salatalık, çekirdekleri çıkarılmış ve kesilmiş
- 3 avokado, soyulmuş ve dilimlenmiş
- 2 ila 3 bardak rendelenmiş havuç
- 6 ons hazır pirinç çubuk erişte

Talimatlar

a) Geniş bir düz yüzeyde, tercihen sobanın yanında, bir iş istasyonu hazırlayın. Elinizde sıcak fakat kaynar olmayan bir tavada su, pirinç sarmalayıcıları, ıspanak yaprakları, salatalık kibrit çöpleri, dilimlenmiş avokadolar, rendelenmiş havuçlar ve hazırlanmış erişteler bulundurun.

b) Size en yakın düz yüzeye nemli bir bulaşık havlusu yerleştirin. Bir pirinç sargısını yaklaşık 10 saniye veya yumuşak ve bükülebilir hale gelene kadar sıcak suya dikkatlice yerleştirin. Ambalajı bulaşık havlusunun üzerine düz bir şekilde yerleştirin.

c) Ambalaj kağıdına az miktarda, yaklaşık 5 yaprak ıspanak koyarak başlayın, ardından salatalık, avokado, havuç ve son olarak küçük bir avuç erişte üzerine koyun. Küçük bir börek gibi sıkıca sarın.

84. Vejetaryen Börek

İçindekiler

- sebze tabağı
- 8 ons İnce pirinç erişte
- Fıstık sosu
- 1 ons Selofan erişte
- 1 yemek kaşığı mantar
- 6 Kuru Çin mantarı
- 1 büyük Havuç, ince doğranmış
- 1 büyük pırasa, sadece beyaz kısım, doğranmış
- 6 Su kestanesi
- 1 pound Sert soya peyniri (tofu), ufalanmış
- 1 su bardağı taze fasulye filizi
- 6 diş sarımsak, kıyılmış
- 3 yemek kaşığı Nuoc mama
- 2 yumurta
- ½ bardak) şeker
- 40 küçük yuvarlak pirinç kağıdı

Talimatlar

a) Sebze Tabağı, erişte ve daldırma sosu hazırlayın. Kenara koyun.

b) Tüm dolgu malzemelerini büyük bir karıştırma kabında birleştirin; elinizle iyice karıştırın. Kenara koyun.

c) Ruloları toplayın: Büyük bir kaseye 4 su bardağı ılık su doldurun ve içindeki şekeri eritin.

d) Servis yapmak için, her lokanta bir ruloyu bir marul yaprağına sarar ve bazı erişteler ve Sebze Tabağından seçilmiş öğelerle birlikte paketi daldırma sosuna batırır.

85. Vejetaryen lahana ruloları

Verim: 12 porsiyon

İçindekiler

- 2 adet Lahana başı
- ¾ fincan Arpa, pişmemiş
- ½ su bardağı bulgur, pişmemiş
- 1 su bardağı pirinç, pişmemiş
- 1 büyük soğan
- 2 bardak Prego
- 4 diş sarımsak, ezilmiş
- ½ su bardağı Çam fıstığı
- 10½ ons Tofu, katı
- ½ demet Maydanoz; doğranmış
- 6 yemek kaşığı Sos, soya
- 4 yemek kaşığı pekmez
- Baharat
- 4½ yemek kaşığı Sirke, şarap

Talimatlar

a) Doldurma: Tahılları bitene kadar suda önceden pişirin. Tofu ezin. Kalan malzemeleri pişene kadar yağda soteleyin ve pişmiş tahılları ekleyin.

b) Lahana: Lahanayı ayıklayın ve kaynar suda birkaç dakika pişirin.

c) Yaprakları yumuşadıkça çekin. Yaprağın sert çekirdeğini kesin. En büyük yaprakları ikiye kesin.

d) Lahana yapraklarını pişmiş dolgu ile doldurun ve sarın, kenarlarını ve uçlarını kıvırarak düzgün rulolar oluşturun. Ruloları birbirine bakacak şekilde güveçte sıkıca yerleştirin. Kalan sosu kaşıkla üzerine gezdirin.

e) Sıkıca kapatın ve 2 saat pişirin. Servis saatine kadar fırında bekletin.

86. Vejetaryen yumurta ruloları

İçindekiler

- 1 paket Yumurta rulosu sarmalayıcıları
- Susam yağı
- 1 su bardağı kereviz, ince doğranmış
- 1 Soğan, küçük, ince doğranmış
- 2 diş sarımsak, kıyılmış
- 1 su bardağı lahana, ince kıyılmış
- 1 su bardağı mantar, ince doğranmış
- 1 Yeşil biber, ince doğranmış
- $\frac{1}{2}$ su bardağı kestane, ince kıyın
- 1 su bardağı Filiz, fasulye veya tohum, taze
- $\frac{1}{4}$ fincan Soya fasulyesi, pişirilmiş ve püre haline getirilmiş
- 3 yemek kaşığı soya sosu
- $2\frac{1}{2}$ fincan kahverengi pirinç, pişmiş

Talimatlar

a) Bir wok veya kızartma tavasında sebzeleri verilen sıraya göre susam yağında soteleyin. Kalan sebzeleri hızlıca ekleyin. Püre haline getirilmiş soya fasulyesi ve soya sosunu birlikte karıştırın.

b) Her gözleme veya yumurtalı rulo ambalajın ortasına yaklaşık $\frac{1}{4}$ fincan dolgu koyun; köşeleri zarf tarzı üzerine katlayın ve unlu su macunu ile kapatın.

c) Altta yağ bulunan büyük bir kızartma tavasını ısıtın. Ruloları sadece bir kez çevirerek gevrek ve kahverengi olana kadar kızartın.

87.   Vejetaryen Tay böreği

Verim: 30 rulo

İçindekiler

- 12 ons Tofu
- 5 adet Kurutulmuş shiitake mantarı,
- ¼ kilo yeşil fasulye
- 1 adet kereviz sapı
- ½ orta boy havuç
- 2 adet yeşil soğan
- 3 yemek kaşığı Bitkisel yağ
- 1 yemek kaşığı Sarımsak, doğranmış
- ½ çay kaşığı Biber
- 2 yemek kaşığı kırmızı köri ezmesi
- 2 yemek kaşığı soya sosu
- 30 adet Spring roll sarmalayıcı
- 3 su bardağı sıvı yağ, kızartmak için

Talimatlar

a) Tofu, mantar, fasulye, kereviz ve havucu büyük jülyen dilimleri halinde kesin. Yeşil soğanları doğrayın. Kenara koyun.

b) Orta ateşte bir wok içine 3 yemek kaşığı bitkisel yağı koyun. Sarımsakları kahverengileşmeye başlayana kadar karıştırarak kavurun. Soya sosu, tofu ve yeşil soğan hariç tüm sebzeleri ekleyin.

c) Rulo sargılarını ayırın. Sargıyı dar tarafı size bakacak şekilde yerleştirin. Yetersiz $\frac{1}{4}$ c dolgu yerleştirin. Size en yakın kenarı dolgunun üzerine katlayın, sol ve sağ kenarları katlayın ve ardından yuvarlayın.

d) Derin kızartma için yağı bir wok içinde sıcak olana kadar ısıtın. Ruloları her iki tarafta altın rengi olana kadar kızartın.

88. Doldurulmamış lahana ruloları

Verim: 4-6 porsiyon

İçindekiler

- ½ baş lahana
- 2 su bardağı Pişmiş pirinç
- ½ su bardağı tam buğday kuskus
- ¼ su bardağı kuru üzüm
- ½ su bardağı Taze veya dondurulmuş mısır
- 1 kutu (16 oz.) doğranmış domates
- 1 kutu (12 oz.) domates sosu
- 1 çay kaşığı Taze limon suyu
- 1 yemek kaşığı Esmer şeker
- Baharat

Talimatlar

a) Lahanayı çapraz olarak dilimleyin. Topaklanması için üzerine sıcak su dökün. Boşaltmak.

b) Pirinç, kuskus, kuru üzüm ve mısırı karıştırıp kenara alın. Domatesleri diğer malzemelerle karıştırın ve yapışmaz spreyle hafifçe kaplanmış büyük bir seramik güveç tabağının dibine yayın.

c) Lahana ve pirinç karışımı katmanları ile kaplayın. Domates karışımının geri kalanıyla doldurun ve folyo ile örtün. 325 derece F'de 30-45 dakika, köpürene kadar pişirin. Sıcak servis yapın.

89. Vejetaryen yaz rulo

Verim: 6 porsiyon

İçindekiler

- 2 Limon; meyve suyu
- 1 kireç parçaları
- 1 yemek kaşığı Dijon hardalı
- 1 yemek kaşığı Esmer şeker
- ¼ fincan Üzüm çekirdeği yağı
- ¼ fincan Tay fesleğen yaprağı; tüm
- ½ kilo fasulye filizi; saç kaldırıldı
- 1 orta boy kırmızı dolmalık biber; jülyen
- 1 orta boy Havuç; soyulmuş, jülyen
- 1 paket Füme tofu veya tempeh
- 1 paket pirinç kağıtları
- Tuz; tatmak
- Taze çekilmiş karabiber; tatmak

Talimatlar

a) Bir kapta meyve suyu, limon, hardal ve şekeri karıştırın. Yağda çırpın ve baharatlayın. Tüm sebzeler ve tofu ile karıştırın. Baharat olup olmadığını kontrol edin.

b) 1 sarıcı yerleştirin ve dibe yakın küçük bir karışım yığını yerleştirin. Alttan ortaya doğru yuvarlayın. Her iki taraftan da katlayın ve yuvarlamaya devam edin. Ruloyu bitirin ve dinlenmeye bırakın. Her ruloyu ayrı ayrı plastik sargıyla sarın. 2 saat buzdolabında bekleyecek

90.　　　Körili Tofu "Yumurta Salatası" Pide

4 sandviç yapar

İçindekiler

- 1 kiloluk ekstra sıkı tofu süzülmüş ve kuru
- 1/2 su bardağı vegan mayonez
- 1/4 su bardağı kıyılmış mango turşusu
- 2 çay kaşığı Dijon hardalı
- 1 yemek kaşığı sıcak veya hafif köri tozu
- 1 çay kaşığı tuz
- 1/8 çay kaşığı öğütülmüş cayenne
- 1 su bardağı rendelenmiş havuç
- 2 kereviz kaburga, kıyılmış
- 1/4 su bardağı kıyılmış kırmızı soğan
- 8 küçük Boston veya diğer yumuşak marul yaprakları
- 4 (7 inç) kepekli pide, yarıya

Talimatlar

a) Tofuyu ufalayın ve büyük bir kaseye koyun. Mayonez, Hint turşusu, hardal, köri tozu, tuz ve kırmızı biberi ekleyin ve iyice karışana kadar iyice karıştırın.

b) Havuç, kereviz ve soğanı ekleyin ve birleştirmek için karıştırın. Tatların birbirine karışması için 30 dakika buzdolabında bekletin.

c) Her pide cebine bir marul yaprağı koyun, marulun üzerine biraz tofu karışımı koyun ve servis yapın.

SANDVİÇ/BURGER SPREYLERİ

91. Güneşte kurutulmuş domates

İçindekiler

- 2 yemek kaşığı önceden pişirilmiş büyük beyaz fasulye
- 1/2 su bardağı ceviz
- 10 dilim güneşte kurutulmuş domates
- 1 yemek kaşığı zeytinyağı veya isteğe göre başka bir sıvı yağ
- 2 yemek kaşığı kabak çekirdeği
- 1 diş sarımsak
- Taze fesleğen, bitkisel tuz ve karabiber veya tercih ettiğiniz diğer baharatlar

Talimatlar

Malzemeleri bir karıştırıcıda birleştirin ve pürüzsüz ve kremsi olana kadar karıştırın.

92. Humus rüyalar

İçindekiler

- Bir su bardağı önceden haşlanmış nohut
- 1/2 su bardağı ceviz
- Bir çay kaşığı tahin (susam ezmesi)
- Bir çay kaşığı kimyon
- Bir çay kaşığı beyaz şarap sirkesi
- Tuz ve biber
- Tepeleme olarak kullanmak için taze kuşkonmaz

Talimatlar

Malzemeleri bir karıştırıcıda birleştirin ve pürüzsüz ve kremsi olana kadar karıştırın.

93.   avokado aşkı

İçindekiler

- 1 avokado
- 2 yemek kaşığı taze sıkılmış limon suyu
- Tuz ve biber
- Yumurta tadı için bir tutam siyah tuz (isteğe bağlı)

Talimatlar

Malzemeleri bir karıştırıcıda birleştirin ve pürüzsüz ve kremsi olana kadar karıştırın.

94. Sandviç dolgusu için fıstık ezmesi

Verim: 2 porsiyon

Bileşen

- ½ fincan Tofu
- 2 yemek kaşığı Yağ
- 2 yemek kaşığı elma sirkesi
- 1 yemek kaşığı Şeker
- 1½ çay kaşığı Tuz
- ⅛ çay kaşığı Karabiber
- tutam sarımsak tozu
- 1 kiloluk sert tofu; ufalanmış
- 3 yemek kaşığı Tatlı turşu rendesi
- ½ fincan Pimientos; süzülmüş ve doğranmış

Talimatlar

a) İlk 7 malzemeyi bir karıştırıcıda birleştirin ve pürüzsüz ve kremsi olana kadar karıştırın.

b) Kalan malzemelerle bir kapta birleştirin. Gece boyunca soğutulursa en iyisi.

95. Tofu sandviç yayıldı

Verim: 4 porsiyon

Bileşen

- 10 ons firma tofu
- ½ Yeşil dolmalık biber; doğranmış
- 1 sap kereviz; doğranmış
- 1 Havuç; rendelenmiş
- 4 küçük yeşil soğan; dilimlenmiş
- 1 yemek kaşığı Maydanoz
- 1 yemek kaşığı kapari
- 2 yemek kaşığı Tofu bazlı mayonez yerine
- 1 yemek kaşığı hazır hardal
- ½ çay kaşığı Taze limon suyu
- ¼ çay kaşığı Biber
- ¼ çay kaşığı kekik

Talimatlar

a) Tüm malzemeleri karıştırın ve en sevdiğiniz ekmeğin üzerine filiz, domates ve salatalık ile servis yapın.

96. sebzeli sandviç yayıldı

Verim: 1 porsiyon

Bileşen

- 1 paket Firma tofu
- $\frac{1}{2}$ su bardağı soya mayonez
- 1 adet yeşil soğan, doğranmış
- 1 adet yeşil dolmalık biber, doğranmış
- 1 adet kereviz sapı, doğranmış
- $\frac{1}{4}$ su bardağı ayçiçeği veya susam
- 1 yemek kaşığı Soya sosu
- 1 çay kaşığı köri tozu
- 1 çay kaşığı Zerdeçal
- 1 çay kaşığı Sarımsak tozu

Talimatlar

a) Tofuyu çatalla ufalayın. Geri kalan malzemeyi ekleyin ve iyice karıştırın.

b) Kraker veya ekmek üzerinde servis yapın.

97. Kolay "Tofuna" Sandviç Sürme

İçindekiler

- 8 onsluk pişmiş tofu paketi (nota bakın)
- 1/2 su bardağı vegan mayonez veya isteğe göre
- 1 büyük kereviz sapı, ince doğranmış
- 1 yeşil soğan (sadece yeşil kısım), ince dilimlenmiş
- 2 yemek kaşığı besin mayası

Talimatlar

a) Ellerinizi kullanarak tofuyu bir karıştırma kabına ince ince ufalayın. Veya tofuyu birkaç parçaya ayırabilir, bir mutfak robotuna yerleştirebilir ve ince ve eşit bir şekilde doğranana kadar açıp kapatabilir, ardından bir karıştırma kabına aktarabilirsiniz.

b) Mayonez ve kerevizi ekleyin. İyice karıştırın. İsteğe bağlı bileşenlerden birini veya her ikisini karıştırın. Daha küçük bir servis kabına aktarın veya doğrudan karıştırma kabından servis yapın.

98. Hint mercimek yayılması

Verim: 2 porsiyon

Bileşen

- 1 su bardağı haşlanmış mercimek
- 4 Diş Sarımsak; preslenmiş
- 2 çay kaşığı öğütülmüş kişniş
- 1 çay kaşığı öğütülmüş kimyon
- $\frac{1}{2}$ çay kaşığı öğütülmüş zerdeçal
- $\frac{1}{2}$ çay kaşığı pul biber
- $\frac{1}{2}$ çay kaşığı öğütülmüş zencefil

Talimatlar

a) Tüm malzemeleri küçük bir tencerede birleştirin.

b) Kısık ateşte, ara sıra karıştırarak, tatların birbirine karışmasını sağlamak için 5 dakika pişirin.

c) 1 saat soğutun.

99. Nohutlu sandviç yayıldı

Verim: 4 porsiyon

Bileşen

- 1 su bardağı nohut; pişmiş
- Tatmak için sarımsak tozu
- 3 yemek kaşığı İtalyan salatası sosu
- Tatmak için biber ve tuz

Talimatlar

a) Nohutları çatalla ezin ve baharatları ekleyin.

b) Marul ve domates dilimleri ile kızarmış kepekli ekmek üzerinde servis yapın.

100. Körili fasulye yayıldı

ÇÖZÜM

Sandviç ya da burger için ekmeğe ihtiyacın olduğunu kim söyledi?

İster glütensiz olun, ister Paleo, ister sadece ekmeği sevmiyor olun, bunlar sizin için en iyi sandviçler!

Verim: 8 porsiyon

Bileşen

- ¾ su bardağı Su
- 1 Soğan; ince doğranmış
- 1 su bardağı doğranmış kereviz
- 1 yeşil dolmalık biber; doğranmış
- ½ su bardağı doğranmış havuç
- 2 Diş Sarımsak; kıyılmış
- 2½ çay kaşığı köri tozu
- ½ çay kaşığı öğütülmüş kimyon
- 1 yemek kaşığı Soya sosu
- 3 su bardağı haşlanmış beyaz fasulye

Talimatlar

a) Suyu bir tencereye koyun ve tüm sebzeleri ve sarımsağı ekleyin.

b) Ara sıra karıştırarak 15 dakika pişirin. Köri tozu, kimyon ve soya sosunu ilave edip iyice karıştırın. Isıdan çıkarın. Fasulyeleri ekleyin; iyice karıştırın. Karışımı bir mutfak robotu veya karıştırıcıya yerleştirin ve parçalanana kadar kısa süre işleyin, ancak püre haline getirmeyin. Soğuk.

www.ingramcontent.com/pod-product-compliance
Lightning Source LLC
Chambersburg PA
CBHW060044230426
43661CB00004B/652